ZYPERN
der Süden

von Elisabeth Petersen

Elisabeth Petersen arbeitete im Anschluss an das Studium der Germanistik und Geschichte lange Jahre als Lehrerin. Ende der 1980er Jahre entstanden erste schriftstellerische (Jugendbücher) und journalistische Arbeiten. Die Lust am Schreiben zusammen mit der Lust am Reisen brachten sie zum Reisejournalismus.

W0193770

www.vistapoint.de

Inhalt

Willkommen & Top 10

Chronik

Stadttour Lefkosía/Nicosía

Vista Points – Sehenswertes

Service von A–Z

Zeichenerklärung

 Top 10
Das sollte man gesehen haben, s. vordere und hintere Umschlagklappe.

 Vista Point
Reiseregionen, Orte und Sehenswürdigkeiten

 Symbole
Verwendete Symbole s. hintere innere Umschlagklappe.

 Kartensymbol: Verweist auf das entsprechende Planquadrat der ausfaltbaren Landkarte bzw. der Detailpläne im Buch.

Willkommen auf Zypern

jenem Eiland, auf dem Aphrodite, die griechische Göttin der Schönheit, dem Mythos zufolge erstmals irdischen Boden betrat. Sie, die aus dem Schaum des Meeres Geborene, erwählte die Insel *Kypros* als Ausgangspunkt und Zentrum ihrer göttlichen, in der Liebe sich entfaltenden Existenz. »Blüten sprossen unter den Schritten der Füße«, so beschreibt der griechische Epiker Hesiod um 700 v. Chr. den ersten irdischen Auftritt der Schönen. Dabei dürfte ihm mit Gewissheit die Vielfalt und Fülle zyprischer Flora vorgeschwebt haben.

Bis auf den heutigen Tag besteht die Verlockung der Insel in eben jener, sich vor allem im Frühjahr und frühen Sommer zu voller Pracht entfaltenden üppigen Vegetation – im Zusammenspiel mit dem Zauber einer waldreichen Bergwelt im Innern und dem klaren Blau des Meeres, das die weiten Strände umspült. Etwa 2,5 Millionen Reisende werden jährlich davon angezogen, eine Invasion, die die einst göttliche Idylle zumindest in den großen Strandresorts arg profaniert. Doch gerade die dort anzutreffende brodelnde Lebendigkeit suchen viele Besucher, und jene, die Stille und Beschaulichkeit vorziehen, werden problemlos in den kleinen Orten und Dörfern fündig.

Die Zyprioten sind im Übrigen die Heimsuchung durch Fremde über die Jahrtausende gewöhnt. Griechen, Phönizier, Assyrer, Perser, Alexander der Große und seine ägyptischen Nachfolger, Römer, Byzantiner, Kreuzritter, Venetier, Türken und zuletzt die Briten wechselten sich ab als Beherrscher der im Schnittpunkt der Kontinente Europa, Afrika und Asien liegenden Insel. Hinterlassen haben sie dabei eine kulturelle Vielfalt, die heute neben den Schönheiten der Natur Zyperns größten Schatz darstellt.

Die machtpolitischen Auseinandersetzungen in der zweiten Hälfte des 20. Jahrhunderts hinterließen indes eine nachhaltig schmerzende Wunde: die Teilung in einen türkisch dominierten Norden und einen griechisch ausgerichteten Süden. Den Reisenden muss diese Situation heute nicht mehr daran hindern, die gesamte Insel im Verlauf einer einzigen Reise zu erkunden. Doch die Fülle dessen, was Natur und Kultur zu bieten haben, lässt sich so recht erst bei mehrfachen Reisen mit unterschiedlichen Schwerpunkten erfahren. Ohnedies wird den Besucher mehr als alles andere die herzliche Freundlichkeit der Menschen zur Wiederkehr bewegen. Vor allem in den kleinen ländlichen Orten wird sie ihm begegnen als warmes »Willkommen«, vielfach begleitet von kleinen Geschenken: einer Hand voll Kirschen, Aprikosen, Mandeln oder Nüssen, wie es die Jahreszeit eben zulässt.

Kopiaste! Seien Sie von Herzen willkommen!

Daten zur Geschichte der Insel

8200–3900 v. Chr.	Fundamente runder Steinhäuser aus der Jungsteinzeit (ausgegraben u.a. bei Choirokoitía und Kalvasós-Tenta) belegen eine frühe Besiedlung. Vieles spricht für die kultische Verehrung einer Muttergottheit. Die früheste Keramik lässt sich auf 5000 v. Chr. datieren.
3900–2500 v. Chr.	Kupfersteinzeit. Im Übergang von der Stein- zur Bronzezeit entwickelt sich ein Fruchtbarkeitskult. Werkzeuge und Schmuck aus Kupfer lassen darauf schließen, dass auch zyprische Kupfervorkommen genutzt wurden.
2500–1050 v. Chr.	Bronzezeit. Die Technik der Bronzeherstellung wird von anatolischen Einwanderern übernommen. Gleichzeitig bringt die zunehmende Kupferförderung Reichtum und vermehrte Handelskontakte zum Nahen Osten, Ägypten und bis nach Sizilien. Ab 1400 v. Chr. lassen sich Händler aus Mykene nieder, denen gegen Ende des 13. Jh. achäische Siedler folgen, die die griechische Sprache und Kultur verbreiten und die ersten Stadtkönigreiche (Páfos, Salamis, Kitíon und Koúrion) gründen.
1050–750 v. Chr.	Die sog. Geometrische Zeit bringt die Technik der Eisenverarbeitung. Phönikische Siedler lassen sich nieder und gründen die Stadt Kitíon (Lárnaca) neu. Der Wohlstand der Insel wächst.
750–325 v. Chr.	Während der archaisch-klassischen Zeit wird Zypern nacheinander den Großmächten Assyrien, Ägypten und Persien tributpflichtig. Gegen Ende des 4. Jh. entwickelt sich die Insel zu einem der wichtigsten Zentren der griechischen Welt.
333–58	Alexander der Große beendet die persische Abhängigkeit und verleibt Zypern seinem Reich ein. Nach seinem frühen Tod kämpfen seine Nachfolger (Diadochen) um die Verteilung des Erbes. Zypern fällt den ägyptischen Ptolemäern zu, die die Stadtkönigreiche zugunsten einer Zentralmacht mit Sitz in Páfos aufheben.
58 v. Chr.– 330 n. Chr.	Das Römische Reich erringt die Herrschaft über die Insel, die zunächst Teil der Provinz Kilikien, ab 27 v. Chr. jedoch eigene Provinz wird. Zeitweise geht Zypern als Geschenk an die Königin Kleopatra von Ägypten. Auf seinen Missionsreisen besucht der Apostel Paulus in Begleitung des Barnabas Zypern und bekehrt den römischen Prokonsul zum Christentum, was den Inselstaat zum ersten Land mit christlicher Staatsreligion werden lässt.
327	Die Mutter des römischen Kaisers Konstantin, Helena, stiftet der zyprischen Kirche bei ihrem Inselaufenthalt die Reliquie des Heiligen Kreuzes, die im eigens gegründeten Kloster Stavrovoúni bis heute verehrt wird.

Zur Zeit der römischen Herrschaft entstandenes Mosaik

395 Durch die Teilung des Römerreiches fällt die Insel unter die Herrschaft des Oströmischen Reiches mit der Hauptstadt Konstantinopel (Byzanz). Schwere Erdbeben zerstören im 4. Jh. die Städte, was einen Neuaufbau nötig macht. Nach der Entdeckung des Grabes des hl. Barnabas erhält die zyprische Kirche volle Autonomie und wird zur ersten Nationalkirche der Christenheit. Dem Erzbischof werden die Privilegien verliehen, einen Purpurmantel zu tragen, statt des Hirtenstabs ein Zepter zu führen und mit roter Tinte zu unterschreiben.

647 Zypern ist über einen Zeitraum von mehr als 300 Jahren den Überfällen von Arabern und Piraten ausgesetzt, die sich die zeitweilige Schwäche des Byzantinischen Reiches zunutze machen.

965 Nikephoros Phokas gelingt die Vertreibung der Araber und die erneute Etablierung der byzantinischen Herrschaft.

1054 Die Christenheit spaltet sich im Kirchenschisma in die römisch-katholische Kirche und die Ostkirche, zu der Zypern fortan gehört.

1191 Der englische König Richard Löwenherz, zu dieser Zeit Teilnehmer des 3. Kreuzzugs, erobert Zypern und heiratet in Lemesós Berengaria von Navarra, die dort auch zur englischen Königin gekrönt wird. Kurze Zeit später verkauft Richard die Insel an den Templerorden.

1192–1489 Fränkisch-Luisignanische Zeit. Durch erneuten Verkauf geht Zypern in den Besitz des aquitanischen Kreuzritters Guy de Lusignan über, der eine Feudalherrschaft errichtet. Trotz massiver Unterdrückung gelingt die Verdrängung der orthodoxen Kirche nicht. Im Verlauf der 300 Jahre währenden Herrschaft der Franken profitiert Zypern wirtschaftlich vom zunehmenden Handel. Die historischen Städtenamen Lefkosía, Ammóchostos und Lemesós werden durch Nicosia, Famagústa und Límassol ersetzt. (Heute bestehen meist beide Namensformen nebeneinander.)

1489–1571 Unter der Herrschaft Venedigs wird die Insel als Bastion gegen die Osmanen ausgebaut, deren Ansturm sie aber letztendlich nicht standhalten kann.

1571–1878 Die Herrschaft der Osmanen (Türken) über Zypern beschert die Wiedereinsetzung der orthodoxen Kirche in ihre Rechte. Daneben entwickelt sich eine muslimische Minderheit mit zyprischer Identität.

1878 Großbritannien erhält von den Türken Zypern gegen jährliche Pachtzahlungen und Zusicherung von militärischer Hilfe gegen die Russen.

1914 Nach dem Kriegseintritt der Türkei auf Seiten der Mittelmächte annektiert Großbritannien Zypern, das 1925 zur Kronkolonie wird.

1939–45 Im Zweiten Weltkrieg kämpfen die Zyprioten auf britischer Seite. Die erhoffte Unabhängigkeit bleibt ihnen jedoch versagt.

1959 Nach vierjährigem Kampf der Befreiungsorganisation EOKA unter Oberst Grivas unterzeichnen Großbritannien, Griechenland und die Türkei ein Abkommen, das die Unabhängigkeit der Insel besiegelt. Weitreichende Einflussmöglichkeiten der Garantiemächte sind vorgesehen. Erzbischof Makarios III. wird zum ersten Präsidenten gewählt, Fazil Kücük zu seinem Stellvertreter.

16.08.1960 Zypern wird unabhängig.

1964–74 Die staatliche Situation erweist sich sehr bald als instabil. Die zunehmende Einflussnahme der Türkei auf den türkischen Bevölkerungsteil ebenso wie die Einwirkung der 1967 durch einen Putsch in Griechenland an die Macht gekommenen Militärjunta auf die zyprischen Griechen führen zu blutigen Kämpfen, zur Teilung Lefkosías und zum Boykott des Parlaments durch die türkisch-zyprischen Parlamentarier. 1974 leiten griechische Offiziere einen Putsch der Nationalgarde gegen Makarios, der fliehen kann. Als Reaktion darauf landen türkische Truppen auf Zypern und besetzen 40 Prozent der Insel. Nach dem Rücktritt der Militärjunta in Athen kehrt Makarios zurück und übernimmt wieder das Präsidentenamt.

1975/83 Aus dem 1975 vom späteren Präsidenten Denktasch ausgerufenen »Türkischen Bundesstaat von Zypern«

wird 1983 die »Türkische Republik Nord-Zypern«, die international nicht anerkannt wird.

1977–2003 Nach dem Tod von Makarios III. (Aug. 1977) übernimmt Spyros Kyprianou das Amt des Präsidenten in der Republik Zypern. Während der Amtszeit von Glafkos Klerides kommt es 1996 noch einmal zu gewaltsamen Konflikten. Im März 2003 wird Tássos Papadópoulos zum Präsidenten von Zypern gewählt.

2004 Im April stimmt die Bevölkerung ganz Zyperns über einen Plan von UN-Generalsekretär Kofi Anan ab, der zur Wiedervereinigung der Insel führen soll. Die türkisch-zypriotische Bevölkerung stimmt dem Plan fast mit Zweidrittelmehrheit zu, die griechisch-zypriotische Bevölkerung lehnt ihn mit Dreiviertelmehrheit ab. Daraufhin wird am 1. Mai nur der griechisch-zypriotische Inselteil Mitglied der EU.

2008 Der Euro ersetzt die zypriotische Lira als offizielle Landeswährung. An der Ledra-Straße in Lefkosías Zentrum wird ein fünfter Grenzübergang geöffnet.

2009 Die Präsidenten aus Nord- und Südzypern treffen sich im April zur Erörterung von Wirtschaftsfragen in der UN-Pufferzone in Lefkosia. Auch diese 26. Verhandlungsrunde bringt keine Annäherung.

2010 Am 14. Okt. wird nach 47 Jahren im Nordwesten der Limnitis-Übergang bei Kato Pyrgos wieder geöffnet.

2011 Im März appelliert UN-Generalsekretär Ban Ki Moon an die zyprischen Führer zu einer Einigung zu finden – auch unter Inkaufnahme schmerzhafter Kompromisse. Mitte Juni eröffnet genau auf dem Grenzstreifen in Lefkosía ein neues Goethe-Institut.

2013 Im März kommt es zu einer schweren Bankenkrise. Der Staatsbankrott kann nur mithilfe von Notkrediten des Internationalen Währungsfonds, der Euro-Partner sowie der Investoren und Anleger abgewendet werden. Eine Folge der Krise ist die kontinuierlich steigende, bis 2011 nahezu unbekannte Arbeitslosigkeit, die Ende 2013 auf über zwölf Prozent geschätzt wird. ■

»Pyramos-Mosaik« aus dem Haus des Dionysos in Páfos

Das geteilte Herz Zyperns

Vormittag:
Aussichtsplattform des **Shakolas-Gebäudes** (Ledras/ Ecke Arsinoïs Street) – Laiki Geitonia – Plateia Tyllirias – Plateia Archiepiskopou Kyprianou – **Ágios-Ioánnis-Kirche** – Markthalle – **Arablar-Moschee** – Ledra Street.

Mittag:
Lunch in den Tavernen der Altstadt. Danach Besuch des **Zyprischen Museums**.

Nachmittag:
Rundgang im **Nordteil:** Vom Übergang am ehemaligen Ledra Palace Hotel zum Kyrinia-Tor – Girne Caddesi – Atatürk-Platz – **Selimiye-Moschee** – Kumarcilar und Büyük Han – Wohnhaus des Derwisch Pascha – **Arab-Ahmet-Moschee**.

Bunt und üppig – das Angebot in und um Lefkosías Markthalle

Vom Shakolas-Gebäude schaut man über die Altstadt von Lefkosía auf einen Berghang im türkischen Inselteil

Die zyprischen Städte liegen alle an der Küste – alle bis auf die Hauptstadt. Während die Funktion der Küstenstädte weitgehend darin besteht, die Verbindung zur Welt mittels Verkehr, Handel und touristischer Infrastruktur aufrecht zu halten, bündeln sich die Fäden ganz offensichtlich im Zentrum der Mesaória-Ebene, die im Norden vom über 1000 Meter hohen Kyrinia-Gebirge und im Südwesten vom fast 2000 Meter hohen Tróodos-Gebirge eingerahmt wird. Beide bilden bei halbwegs klarer Sicht eine wunderbare Kulisse für die letzte geteilte Hauptstadt der Welt. Fast alle großen Straßen laufen hier sternförmig zusammen und – zwar nicht sichtbar, aber nicht minder effektiv – die Drähte von Politik, Wirtschaft und die in diesem Land nicht zu unterschätzenden Drähte kirchlicher Macht.

Von 1964 bis zum Jahr 2003 war die Grenze zwischen Nord- und Südzypern, die mitten durch die Inselhauptstadt verläuft und die Altstadt in zwei etwa gleich große Hälften teilt, für Zyprioten nur in Ausnahmefällen und für Ausländer bestenfalls auf Tagesausflügen passierbar. Dann wurden zwei Grenzübergänge in der Neustadt von Nicosia geöffnet.

Seit dem EU-Beitritt Südzyperns am 1. Mai 2004 gilt nun für alle Zyprioten und Ausländer wieder Reisefreiheit: An bisher insgesamt sieben Übergängen kann man die Grenze auf der Insel passieren und darf jetzt sogar auch für einen längeren Besuch vom Süden in den Norden reisen. Für EU-Bürger gilt, dass sie sich frei – also auch unbegleitet – und bis zu drei Monate ohne besondere Genehmigung auf der Insel bewegen können. Bei jedem Grenzübertritt ist der Pass oder Personalausweis vorzulegen, und für einen Besuch des Nordens muss an der Grenze ein Visum beantragt werden, das bei der Rückkehr wieder abzugeben ist. Auch mit dem Mietwagen können Touristen den Nordteil bereisen; solche Fahrten müssen jedoch vorher mit der Mietwagenfirma abgeklärt werden. Durch diese bürokratischen Hürden sollte man sich nicht abschrecken lassen, denn der Besuch der »anderen Seite« lohnt sich auf jeden Fall.

Gleichgültig, ob man sich zu einem solchen »Seitenwechsel« entschließt oder nicht, macht es Sinn, an den Beginn einer Stadtbesichtigung die »höhere Warte« der Vogelperspektive zu stellen. Dazu ist nicht viel nötig: Mit dem Aufzug geht es in den 11. Stock des **Shakolas-Gebäudes** (Debenhams-Hochhaus, Ledras Street), wo man auf der oberen Aussichtsplattform einen Rundumblick über Stadt und Umland genießt. Am Auffallendsten ist vielleicht die klare Geschlossenheit der Altstadt, die noch heute von der unter venezianischer Herrschaft im 16. Jahrhundert errichteten Stadtmauer eingefasst wird wie ein altertümliches Kleinod. Jenseits dieser Mauer wuchert die Großstadt: Mit modernen Hochhäusern und Wohnvierteln – proper, funktionell und austauschbar.

So bleibt das Interesse des Besuchers ganz auf die Altstadt gerichtet, in der das Gewirr der Häuser und Gassen von den Minaretten der Selimiye-Moschee dominiert wird. In den Zeiten vor der Grenzöffnung war die Moschee unzugänglich; heute ist sie über den Grenzübergang an der Ledra Street leicht erreichbar. Dem Auge drängt sich auch weit Entferntes auf: die mit fast 75 000 Quadratmetern größte Flagge der Welt. Das Staatsemblem der »Türkischen Republik Nordzypern« wurde an den Hängen des Kyrinia-Gebirges in Stein gelegt und mit erheblichem Kostenaufwand farblich gestaltet – als trotziges Signal staatlicher Selbstbehauptung und Provokation für jeden griechischen Zyprioten gleichermaßen.

Doch da es dem Fremden schwer fällt, die hiesigen Händel in allen Nuancen zu verstehen und zu ihnen Stellung zu beziehen, tut er gut daran, sich dem zuzuwenden, was er begreifen und erfühlen kann: der Historie der Stadt und ihrem besonderem Charme. Bewohnt war der in 500 Meter Höhe gelegene Ort

bC3

nachweislich seit der Bronzezeit, gewann jedoch erst 280 v. Chr. den Status eines Stadtstaates. Lefkos, Sohn des Ptolemäerkönigs Soter, wird als Begründer dieses Gemeinwesens, das den Namen »Ledra« erhielt, angesehen. Doch erst im 13. Jahrhundert unter der Herrschaft des aquitanischen Kreuzrittergeschlechts der Lusignans stieg die Ansiedlung in den Rang einer Hauptstadt auf und erstrahlte alsbald im Glanz von mehr als 50 Kirchen und einem Königspalast.

Die Jahrhunderte haben diesen Glanz zwar verblassen lassen, und die Tatsache, dass so manches schöne, alte Haus dem Verfall entgegen dämmert, weil seine Besitzer unter dem Druck der politischen Verhältnisse umsiedeln mussten, mag ein Übriges getan haben. Doch der Abglanz der Vergangenheit ist immer noch sichtbar, und das, obwohl (oder gerade weil) Lefkosías Altstadt ein bewohnter, im normalen menschlichen Alltag verhafteter Ort fern aller musealen Sterilität geblieben ist.

Allenfalls die **Laiki Geitonia**, das vor wenigen Jahren stilvoll restaurierte Viertel, in dem Handwerker, Künstler, Souvenirläden und kleine Tavernen angesiedelt wurden, kann seine Bestimmung als nostalgische Vorzeige-Idylle nicht ganz verleugnen. Vom

bD3

Im Altstadtviertel Laiki Geitonia

Den Erzbischöflichen Palast dominiert die Statue Makarios' III.

Debenhams-Hochhaus ist es nicht weit dorthin, weshalb es Sinn macht, einen Rundgang hier zu starten. Das Viertel hat Flair und Ausstrahlung, doch dem authentischen Lefkosía begegnet man eher bei der weiteren Erkundung.

Nach Nordosten gehend, stößt man zunächst an der Plateia Tyllirias auf die **Omeriye-Moschee**, ein von syrischen Moslems genutztes Gotteshaus. Der Bau geht auf eine christliche Kirche des 14. Jahrhunderts zurück und weist daher eine Reihe gotischer und später hinzugefügter Stilmerkmale der Renaissance auf.

Auf die in Jahrhunderten der Koexistenz gewachsene Verbindung zwischen Christen und Moslems weist auch das **Haus des Chatzigeorgakis Kornesios** aus dem 18. Jahrhundert hin. Der Erbauer amtierte als *Dragoman*, eine Art Vermittler zwischen dem herrschenden osmanischen Sultan und der christlichen Bevölkerung. Mehr als das dort untergebrachte **Volkskundliche Museum** (Ethnological Museum) verdient der schön restaurierte Bau Beachtung.

Wendet man sich nach Norden, so erreicht man bald die Plateia Archiepiskopou Kyprianou und damit das Zentrum kirchlicher Macht. Vor dem 1960 fertig gestellten, im neubyzantinischen Stil prunkenden **Erzbischöflichen Palast** (Archbishop's Palace) ragt in etwas befremdlicher Monumentalität das **Denkmal des Erzbischofs und Präsidenten Makarios III.** auf. Bescheiden geben sich hingegen der gegenüberliegende klassizistische Bau des **Panzyprischen Gymnasiums** und die immerhin als Kathedrale der Hauptstadt fungierende **Kirche Ágios Ioánnis**. 1665 wurde

bC4

bC4

bC4

bC4

die Kirche auf den Fundamenten eines fränkischen Gotteshauses errichtet, der Turm 1858 hinzugefügt. Das Innere wurde im 18. Jahrhundert, als man begann, hier die Inthronisation der Erzbischöfe zu vollziehen, im Stil der nachbyzantinischen Zeit ausgemalt. Über dem erzbischöflichen Thron, flankiert von den Sesseln für den zyprischen Präsidenten und den Botschafter Griechenlands, befindet sich an der Südwand ein Bilderzyklus, der die legendäre Auffindung des Grabes des hl. Barnabas und die daraus abgeleiteten Folgen für die zyprische Kirche thematisiert.

Besondere Beachtung verdient unter den Museen im Bereich des Erzbischöflichen Palastes das **Ikonenmuseum**, das einen einzigartigen Überblick über die religiöse, orthodoxe Bildkunst vom 9. bis zum 18. Jahrhundert bietet. Der Volkskunst ist das **Ethnologische Museum** im alten Erzbischöflichen Palast gewidmet, und im Zeichen des Gedenkens an den Befreiungskampf 1955–60 steht nördlich des Gymnasiums das **EOKA-Museum** (Museum des Nationalen Kampfes).

Wer sich zudem einen Eindruck vom Kunstschaffen des modernen Zypern verschaffen möchte, kann dies im **Städtischen Kunstzentrum** (Municipal Arts Centre) tun, untergebracht im alten Elektrizitätswerk. Der Weg zur **Markthalle** und damit ins zwar profane, aber pralle Alltagsleben führt ohnehin dort vorbei. Die Zyprioten kaufen hier ein, und der Besucher hat Gelegenheit, sich an der Fülle der Früchte des Landes satt zu sehen – und natürlich auch, davon zu kosten.

Auf dem Rückweg in Richtung Ledras Street sollte man die **Arablar-Moschee** beachten, ein kleines, mittelalterliches Kirchlein, das zur Zeit der Türkenherrschaft durch Anfügung eines Minaretts in ein islamisches Gotteshaus umfunktioniert wurde. Im selben Karree befindet sich die **Faneroméni-Kirche**, die größte christliche Kirche der Altstadt. Im angeschlossenen Mausoleum wurden die 1821 von den Türken hingerichteten Kirchenvertreter beigesetzt, die für den Freiheitskampf eingetreten waren.

Vom Kampf im Zuge der gewaltsamen Teilung 1974 kündeten noch vor wenigen Jahren Fotos, die in einer Gedenkstätte am Ende der Ledra Street zu sehen waren. Inzwischen wurde hier der beliebteste Grenzübergang ins »andere« Zypern eröffnet. Wer dem Nordteil der Stadt einen Kurzbesuch abstatten möchte, kann hier spontan die Gelegenheit dazu ergreifen.

Es bliebe dann allerdings kaum Zeit, am selben Tag das ❶ **Zypern/Cyprus Museum** zu besuchen. Es liegt ein wenig außerhalb der Mauer. Doch der Weg lohnt: Das Museum dokumentiert etwa 10 000 Jahre der bewegten Geschichte Zyperns. Zu

Arablar-Moschee

bC3/4

bC4

bC4

Statue des »Gehörnten Gottes« (1600–1050 v. Chr.)

15

den Exponaten zählen die schönsten Kunstschätze des Landes, darunter die Marmorstatue der Aphrodite von Soli, die Bronzestatue des römischen Kaisers Septimus Severus und eine ausgezeichnete Keramiksammlung.

Rundgang im Nordteil

In Lefkosía gibt es derzeit drei Übergänge in den türkisch besetzten Teil: **Ledra Street im Zentrum** (nur zu Fuß), **Agios Dometios im Nordwesten** und am **Ledra Palace Hotel westlich der alten Stadtmauer** (beide mit Auto oder zu Fuß). Der folgende Rundgang beginnt am letztgenannten Übergang. Hat man diesen hinter sich gelassen, folgt man zunächst dem Verlauf der Stadtmauer bis zum **Kyrinia-Tor**, das ähnlich wie das Famagústa-Tor im Südteil restauriert wurde und so die Beschaffenheit der drei alten Stadtzugänge veranschaulicht. Man folgt der Hauptstraße, Girne Caddesi, an der links das ehemalige **Kloster der Tanzenden Derwische** (Mevlevi Tekke) liegt, das ein Museum für türkisch-zyprische Volkskunst beherbergt.

Die Straße mündet auf dem ansprechend gestalteten **Atatürk-Platz**, in dessen Mitte eine unter venezianischer Herrschaft errichtete antike Granitsäule steht. Ursprünglich war die Säule vom Löwen von San Marco gekrönt. Doch dieses Herrschaftszeichen der italienischen Handelsmetropole ging unter osmanischer Herrschaft verloren. Die Briten, die die Säule wieder aufstellten, setzten eine Kupferkugel auf die Spitze, die dem Besucher noch heute entgegen blinkt.

Durch eine Fußgängerzone mit vielen Geschäften, deren Angebot sich auffallend von dem der Händler im Südteil unterscheidet, erreicht man das wohl bemerkenswerteste Bauwerk der Stadt, die ❷ **Selimiye-Moschee.** 1209–1326 von den Lusignans als Krönungskathedrale im gotischen Stil errichtet und der hl. Sophia geweiht, wurde dieses Prunkstück zyprischer Sakralkunst nach der Eroberung durch die Türken 1570 zur Moschee umfunktioniert. Den Kirchtürmen wurden Minarette aufgesetzt, der christliche Bildschmuck zerstört und auf Mekka ausgerichtete Gebetsnischen installiert.

Direkt neben der Moschee liegt der **Bedesten**, eine aus dem 12. Jahrhundert stammende Kirche, die zeitweilig als Markt- und Lagerhalle genutzt wurde. Geblieben ist eine Ruine, die jedoch noch in ihrem Verfall die ehemalige Schönheit erahnen lässt. In der **Markthalle**, die sich anschließt, ist das Warenangebot deutlich anders als im Südteil.

Kopf einer weiblichen Statue aus Idalion (475– 325 v. Chr.)

bA3

bB3

bB4

Etwas weiter westlich liegen die beiden ehemaligen Karawansereien der Stadt, die noch bis in die 1930er Jahre genutzt wurden. Der kleinere **Kumarcilar Han** verfällt, der größere **Büyük Han** wurde sehr geschmackvoll restauriert. In dem restaurierten Bau sind jetzt ausgewählte Kunsthandwerkerläden und stimmungsvolle Restaurants untergebracht. Von hier in nordwestlicher Richtung befindet sich das **Wohnhaus des Derwisch Pascha**. Es ist ein gutes Beispiel für gehobene türkisch-zyprische Wohnkultur im 19. Jahrhundert.

bB3

bB3

Nicht weit vom westlichen Mauerring entfernt trifft man zu guter Letzt auf die **Arab-Ahmet-Moschee**, die 1845 auf den Resten einer christlichen Kirche erbaut wurde. Sehenswert sind hier vor allem der Brunnen im Garten und die historischen Grabmäler auf dem sich anschließenden Friedhof.

bB2

Hinter dem Bedesten ragen die Minarette der Selimiye-Moschee auf

Service-Informationen Lefkosía/ Nicosía Südteil

Cyprus Tourism Organisation (CTO)
Laiki Geitonia, östl. des Eleftherias-Platzes
CY-1011 Lefkosía
© 22 67 42 64, www.visitcyprus.com
Mo–Fr 8.30–16, Sa 8.30–14 Uhr

CTO Central Office
Leoforos Lemesou19
CY-2112 Aglantzia Lefkosía
© 22 69 11 00, cytour@visitcyprus.com
Juli/Aug. Mo–Fr 7.30–14.30, Sept.–Juni Mi 15–18 Uhr

Aussichtsplattform des Shakolas-Gebäudes
Ledras/Ecke Arsinoïs Street
Im Debenhams-Hochhaus
April–Okt. Mo–Fr 10–20, sonst Mo–Fr 9.30–16 Uhr
Eintritt € 1

Omeriye-Moschee
Plateia Tyllirias
Außerhalb der Gebetszeiten fast immer zugänglich

**Ethnologisches Museum/
Haus des Hadjiyorgákis Kornesios**
Patriarch Grigoriou Street
© 22 30 53 16, Di, Do/Fr 8.30–15.30, Mi 8.30–17, Sa
9.30–15.30 Uhr, Mo geschl., Eintritt € 1,70, unter 14
J. frei, für Rollstuhlfahrer ungeeignet

Ágios-Ioánnis-Kathedrale
Plateia Arch. Kyprianou
Mo–Fr 8–12 und 14–16, Sa 8–12 Uhr
Eintritt frei

Byzantinisches Museum/Ikonenmuseum
Plateia Arch. Kyprianou
Mo–Fr 9–16.30, Sa 9–13 Uhr, Aug. Sa geschl.
Eintritt € 4

EOKA-Museum
Plateia Arch. Kyprianou, Mo–Fr 8–14.30, Do außer Juli/Aug. auch 15–17.30 Uhr, Eintritt frei

❶ **Zypern Museum/Cyprus Museum**
Museum Street
© 22 86 58 54 (Tickets), 22 30 31 12 (außerhalb der
Öffnungszeiten), Di, Do/Fr 8–16, Mi 8–17 Uhr Sa 9–
16, So 10–13 Uhr, Mo geschl., Eintritt € 3,40

Ágios-Ioánnis-Kathedrale ▷

Hort zyprischer Kunstschätze: das Zyprische Museum

bB5

Chrysaliniótissa
Dimonaktos/Ecke Ippnaktos Street
Normale Ladenöffnungszeiten
In acht Werkstätten wird traditionelles und modernes Kunsthandwerk angeboten.

Cyprus Handicraft Service
In der Laiki Geitonia und an der Autobahnauffahrt (ausgeschildert)
Staatliches Unternehmen zur Förderung der traditionellen Volkskunst.

bC3

Aladdin's Cave – The Cyprus Bazar
Laiki Geitonia, Praxippou St. 5
Hier gibt's alles: von Kitsch bis zu Antiquitäten.

bC4

Christodoulidis Brothers
Neben der Markthalle
Traditionell hergestellte Kupfer- und Messingwaren.

Greco's
Menandrou Street

✆ 22 67 45 66
Man speist hier drinnen und draußen in angenehmer Atmosphäre. €

Berlin No. 2
Faneromenis Street
Sozusagen im Schatten der Grenze kann man hier sitzen und über Gemeinsamkeiten und Unterschiede deutscher und zyprischer Historie nachsinnen. €

bC3

Mattheos
Lefkon/Ecke Faneromenis Street
Mo–Sa 10–17 Uhr
Die Taverne der Einheimischen. Bodenständige Gerichte, viel Vegetarisches, herzlicher Service. €

bC3

Xefoto
Aischylou 6, Laiki Geitonia
Tägl. ab 11 Uhr
Urgemütliche Taverne, abends ab ca. 21 Uhr häufig griechische Livemusik. €

bD3

Service-Informationen Lefkosía-Nordteil

❷ Selimiye-Moschee
Arasta Sok.
Außerhalb der Gebetszeiten frei zugänglich.

bB4

Wohnhaus des Derwisch Pascha
Belig Pascha Sok.
Mai–Okt. tägl. 9–13 und 14–17, Nov.–April Mo–Fr 9–14 Uhr, Eintritt ca. € 2

bB3

Kloster der Tanzenden Derwische/Mevlevi Tekke
Girne Cad.
Tägl. 9–13 und 14–17, Nov.–April nur 9–14 Uhr
Eintritt ca. € 2,50

bA3

Büyük Han (Große Karawanserei)
Eingänge Arasta Sok. Und Kurtbaba Sok.
So geschlossen
Ideal zum Shoppen und Relaxen.

bB3

Saricizmeli
Girne Bul. 174
✆ 227 37 82, Mo–Sa ab 10 Uhr geöffnet
Sehr gute Auswahl schmackhafter Gerichte. €

Sedir Café
Im Büyük Han
Mo, Do 9–20, Di, Mi, Fr 9–24, Sa 9–16 Uhr
Stets vor den Augen der Gäste frisch gemachte Ravioli, an langen Abenden Livemusik. € ◼

bB3

Reiseregionen, Orte und Sehenswürdigkeiten

Die Reihenfolge der Städte und Ortschaften entspricht dem südlichen Küstenverlauf von Osten nach Westen.

Paralímni, Protarás, Ayía Nápa

Kókkinochória, »rote Dörfer«, nennen sich die Orte rund ums Kap Gréco im Südosten der Republik Zypern mit Stolz. Nicht eine bestimmte politische Ausrichtung, sondern das Rot des Sandbodens, der die schmackhaften Kartoffeln hervorbringt, das wichtigste landwirtschaftliche Produkt der Insel, führte zu dieser Namensgebung. Ein wenig nostalgisch mag dem heutigen Besucher die Bezeichnung indes erscheinen, denn dörflich präsentieren sich die Badeorte, allen voran Ayía Nápa, wirklich nicht, und will man rote Erde sehen, muss man schon ein Stück landeinwärts fahren.

Die Küste steht inzwischen ganz im Zeichen des Tourismus: Zahlreiche Hotelanlagen mit teilweise sehr ansprechender Gartengestaltung rund um große Swimmingpools, Restaurants jeglicher Art und Nationalküche, Shops, Auto- und Motorradverleiher, Diskotheken, Vergnügungsparks, also schlicht alles, was

Strandleben in Paralímni

Frühlingshafter Blütenzauber bei Protarás

zur angesagten touristischen Infrastruktur gehört, reiht sich nahtlos entlang der breiten Sandstrände aneinander.

Sonnenanbeter, Wassersportfreunde und Night-life-Freaks kommen hier jedenfalls absolut auf ihre Kosten. Und sie kommen in Scharen. Allein Ayía Nápa verfügt über mehr als 13 000 Gästebetten – bei einer Einwohnerzahl von 1800. Das war nicht immer so. Erst am Anfang der 1970er Jahre etablierte sich in dem bis dahin unbedeutenden Fischerdörfchen ein erstes Hotel, dem 1974 nach der türkischen Besetzung des zu Famagústa gehörenden Badeortes Varósha sehr bald viele folgten.

Die Tourismuswelle hat auch das nördlichste, etwas landeinwärts liegende Dorf **Paralímni** erfasst, das sich trotzig als »Hauptstadt des freien Teils des Bezirks Famagústa« bezeichnet. Zentrum und Hauptattraktion ist der modern gestaltete Dorfplatz, der größte Zyperns, mit Aussichtsturm und Freilichtbühne. Auch die drei Kirchen am Ort sind sehenswert. Die Gastronomie von Paralímni steht in dem Ruf, ausgezeichnete lokale Gerichte zu servieren.

Fast könnte man den Küstenort **Protarás** für einen Ortsteil von Paralímni halten, sind doch die Hotel-

E11

E11

23

Der östlichste Punkt der Republik Zypern: Kap Gréco

viertel übergangslos miteinander verwachsen. Hier dreht sich wirklich alles um Strand und Wassersport, wozu die Natur mit der großzügigen Zumessung von Sonne, Meer und weißem Sand das Ihre beigesteuert hat.

Landschaftliches Highlight und wahrhaft herausragender Punkt der Region ist das ❸ **Kap Gréco**. Steil fallen hier die Klippen ins Meer, was die Landspitze zum auffälligen Eyecatcher macht. Eine vielfältige und einzigartige Vegetation verführt außerdem dazu, sich zu Fuß auf Erkundungstour zu begeben. Neun Wanderwege (1,4–8,5 km) wurden in Zusammenarbeit mit der Abteilung Forstwirtschaft von der CTO angelegt und beschildert. 300 Pflanzenarten kann der Wanderer hier finden, darunter Zystrosen, Chrysanthemen und Anemonen. Vielleicht als Ausgleich dafür, dass die äußerste Spitze des Kaps militärisches Sperrgebiet und deshalb nicht zugänglich ist.

Fernab der Stille der Natur und doch in Sichtweite liegt mit **Ayía Nápa** der jüngste und umtriebigste Badeort der Insel. Hier tobt im Sommer das Leben – am Tag sowieso und in der Nacht erst recht. Stehen am Tag die vielfältigen Wassersportangebote im Meer, die Rutschpartien im Spaßbad und die Bootsausflüge bis hin zur Demarkationslinie auf dem Programm, so locken in der Nacht die Attraktionen einer Art Kirmes, des *Fun Fair*, Clubs und Diskotheken zur alltäglichen Party.

F12

E/F11

Eine der Hauptsehenswürdigkeiten im Ort ist das moderne **Meeresmuseum Thalassa** mit dem Nachbau eines antiken Papyrus-Bootes und der Rekonstruktion eines Segelschiffs, das mit seiner Ladung vor 2300 Jahren direkt vor Kyrinia im Meer versunken ist und jetzt in der Burg von Kyrinia aufbewahrt wird.

Direkt im Zentrum von Ayía Nápa aber gibt es einen Ort der Ruhe, der so schön ist, dass man ihn am liebsten gar nicht verraten möchte. Dabei ist er keineswegs geheim und der Zugang ist sogar kostenlos: das **Kloster Ayía Nápa**, am Seferis Square gelegen. Die aus dem 16. Jh. stammende Anlage im Stil venezianischer Gotik umschließt einen zauberhaften Innenhof, in dem die Stille mehr betont denn unterbrochen wird vom Plätschern der Brunnen und vom Summen der Insekten angesichts der Blütenpracht. Das Kloster dient heute als ökumenische Tagungs- und Begegnungsstätte, was dazu beiträgt, dass die sonst an kirchlichen Orten üblichen Kleidungsvorschriften nicht unbedingt gelten.

Besondere Beachtung verdient die über 600 Jahre alte Sykomore vor dem südlichen Klostereingang. Dieser aus Nordafrika stammende Baum mit gigantischen Ausmaßen gehört zu jener Spezies, aus der die Ägypter ihre Mumiensärge zimmerten.

Für einen frühen Abendspaziergang bietet sich der Weg über die Molen an, die den kleinen Hafen einfassen. Ein kurzer Ausflug könnte per Auto, Motorrad oder Fahrrad vorbei an den zum größten Teil sehr schön an kleinen Buchten gelegenen Hotels im Westen von Ayía Nápa zur kleinen **Kapelle Agía Thékla**

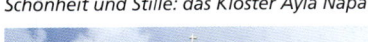

Schönheit und Stille: das Kloster Ayía Nápa

führen, die auf einer Anhöhe über dem Strand steht und von der man einen hübschen Blick über die Küste hat. Einige Schritte entfernt findet sich ein Grab aus der Römerzeit, das in den Fels gehauen wurde.

Wenige Kilometer weiter westlich liegt der malerische Hafen **Potamós**, in dem tagsüber eine ansehnliche und fotogene Fischereiflotte vor Anker liegt. Kleine Fischtavernen laden hier zur Einkehr ein.

Tourist Informationen der Cyprus Tourism Organisation (CTO)
– Leoforos Protare – Kavo Gkreko 356, in Klosternähe
CY-5296 Protaras-Paralimni
℡ 23 83 28 65
– Leoforos Kryou Nerou 12, in Klosternähe
CY-5330 Ayía Nápa
℡ 23 72 17 96

Meeresmuseum Thalassa
Kryou Nerou 14, in Klosternähe
Juni–Sept. Mo–So 9–13, Di–So auch 18–22, Okt.–Mai Mo 9–13, Di–Sa 9–17, So 10–14 Uhr
Eintritt € 3
Für die Besichtigung kann man etwa 30 Minuten ansetzen. Es gibt auch ein schönes Café.

Waterworld Waterpark
Stadtauswärts nach Westen gelegen
℡ 23 72 44 44, www.waterworldwaterpark.com
Mai–Sept tägl. 10–18, Apr.–Okt. tägl.10–17 Uhr
Eintritt € 33/19

Der Hafen von Ayía Nápa

Der größte Waterpark Europas mit bis zu 150 m langen Rutschen

Luna Park
Nissi Avenue/Ecke Makarios III. Avenue

E/F11

Tägl. ab 12 Uhr
Eine Art Rummelplatz überwiegend für kleine Kinder mit Karussells, Riesenrad, Minigolf, Autoskooter und Trampolin. Ältere Kinder und Erwachsene können sich gleich nebenan mit dem Slingshot in den Himmel schleudern lassen.

Bootstouren/Jetski/Parasailing
Ausflugsfahrten an der Küste entlang werden von verschiedenen Anbietern durchgeführt und können an den Anlegestellen der Boote im Hafen direkt gebucht werden. Auch Jetski-Verleiher und Anbieter von Parasailing findet man im Hafen von Ayía Nápa bzw. in der Nähe der großen Strandhotels in Protarás.

Windsurfen/Segeln/Tauchen
Verleihstationen und Schulen zu den diversen Wassersportarten findet man an den Stränden in der Nähe der großen Hotels.

Napa
Dimokratias 14, direkt im Zentrum
Tägl. ab 16 Uhr
Die älteste Taverne von Ayía Nápa serviert drinnen und draußen ein erstklassiges *Mezé*, dessen Schwergewicht ganz nach Wunsch auf Fleisch, Fisch oder Vegetarischem liegen kann. €

Esperia
Fischrestaurant am Hafen
☎ 23 72 16 35, tägl. ab 12 Uhr
Großes Restaurant mit reichem Angebot an Fischgerichten und schönem Ausblick über die Bucht. €

Stamna Tavern
Dimokratias Street 8, direkt im Zentrum
☎ 23 72 13 86, www.stamnatavern.com
Tägl. ab 18 Uhr
Typisch zyprische Gerichte, serviert in einem der ältesten Häuser des Ortes. Abends kann man den Aufmarsch der Nachtschwärmer beobachten. €

Diskotheken
In Ayía Nápa soll es um die 200 Clubs und Bars geben und was heute *in* ist, hat sich morgen schon überlebt und auch die Musik variiert. In Sachen Nachtleben ist es das Beste, sich beim Hotelportier mit aktuellen Tipps versorgen zu lassen.

Lárnaca

Fast alle Zypern-Reisende kennen Lárnaca – aus der Vogelperspektive. Sie landen auf dem (als Ersatz für den in der Pufferzone liegenden Flughafen von Lefkosía) 1974 erbauten Internationalen Airport und nehmen das Bild einer wenig einladenden Industrie- und Hafenstadt in ihre Urlaubsdomizile mit. Doch solch flüchtiger Eindruck trügt. Der Hafen der Stadt ist nach dem von Lemesós der zweitgrößte der Insel und die Erdölraffinerie sowie ausgedehnte Tanklager im Osten des Zentrums vermitteln auch nicht gerade die Vorstellung einer Idylle. Dennoch entwickelt die rund 70 000 Einwohner zählende Stadt, wenn man sich etwas Zeit nimmt, einen einnehmenden Charme.

Das liegt zum einen darin begründet, dass der Tourismus hier nicht die Hauptrolle spielt. Er bestimmt nur einen kleinen, wenn auch wichtigen Teil des Alltagslebens, das sich vorwiegend um andere, nicht minder wichtige Wirtschaftszweige dreht. Die Folge ist, dass zyprisches Lebensgefühl in Lárnaca den Rhythmus vorgibt, was dem Gast ermöglicht, ein Stück authentisches Zypern zu erfahren.

Zum anderen wirkt die lange und bedeutsame Geschichte der Stadt bis heute nach. Unter dem Namen Kitíon war sie eines der frühesten (etwa ab dem 13. Jh. v. Chr.) und machtvollsten Stadtkönigreiche, die die Mykener auf der Insel gründeten. Ab dem 9. Jh. v. Chr. wurde sie Zentrum des phönizischen Einflusses, mithin einer sehr pragmatischen, an den realen Lebensbedürfnissen orientierten Kultur, die sich durch exzellente handwerkliche Fertigkeiten und den Ausbau weitreichender Handelsbeziehungen hervortat.

Gesunden Pragmatismus meint man noch heute bei den Einwohnern Lárnacas zu spüren, aber auch eine wohltuende Gelassenheit, durchaus stoischer Ruhe vergleichbar. Zur sprichwörtlichen Kerntugend wurde diese Freiheit von Affekten im Übrigen vom berühmtesten Sohn der Stadt, dem im 3. Jh. v. Chr. in Athen lehrenden Philosophen Zenon, erklärt. Am Nordostende des kleinen Stadtparks wird seiner noch heute mit einer Büste gedacht.

Größerer Verehrung erfreut sich allerdings bis auf den heutigen Tag ein »Zugereister«, der heilige Lazarus. Der Legende zufolge ging er, nachdem Jesus ihn von den Toten erweckt hatte, nach Zypern und wurde in Lárnaca Bischof. Die Gebeine, angeblich im 9. Jh. aufgefunden, wurden im 13. Jh. von Kreuzrittern als wohlfeiles Souvenir nach Frankreich mitgenommen, wo sie noch heute in Burgund verehrt werden. Doch Wunder über Wunder: 1970 stieß man in Lárnaca erneut auf den Sarkophag des Heiligen und fand darin seinen Schädel, sodass der Verehrung auch hier nichts mehr im Wege steht.

Die schönste Strandpromenade Zyperns hat Lárnaca

Machen wir uns also auf den Weg – vielleicht nicht zu den Wundern, aber zu den Schönheiten der Stadt! Zu diesen gehört ganz ohne Frage die **Strandpromenade**, die, von mächtigen Palmen gesäumt, den berühmten Boulevards entlang der französischen Côte d'Azur Konkurrenz machen kann. An ihrem nördlichen Ende befindet sich eine der größten **Marinas** der Insel, Ziel- und Treffpunkt von Yachten aus aller Herren Länder und somit für Liebhaber von Booten der reinste Augenschmaus. Die Foinikoudes-Promenade trennt und verbindet gleichermaßen das Badeleben am schmalen, aber gepflegten Sandstrand und den relaxten Müßiggang in den Straßencafés. Hier kann man sehen und gesehen werden, aber auch die Einheimischen beim Tavláki-Spiel, dem bevorzugten Freizeitvergnügen in der griechischsprachigen Welt, beobachten.

Am südlichen Ende von Lárnacas Flaniermeile setzt ein trutziges **Fort** einen unübersehbaren Akzent. In der heutigen Form erstand es zur Zeit der Türkenherrschaft – wahrscheinlich auf den Resten einer venezianischen Festungsanlage. Unter britischer Herrschaft wurde es als Gefängnis genutzt und beherbergt heute ein kleines Museum mit Exponaten aus dem Mittelalter. Darüber hinaus sind auch Fotografien von den archäologischen Ausgrabungen im Umfeld zu sehen, über deren Stand man sich auf diese Weise informieren kann. Von der Aussichtsplattform hat man einen schönen Blick zurück auf die Prome-

nade und auf die Türme der benachbarten Gebets-
stätten.

Nur wenige Schritte entfernt trifft man auf die **Al-
Kebir-Moschee**, die von arabischen Moslems genutzt
wird. Hier zeigt sich einmal mehr, dass religiöse Tole-
ranz auf Zypern tief verwurzelt ist. So spielen denn
auch Fragen der Religionszugehörigkeit im Konflikt
zwischen Nord und Süd keine Rolle.

Der Turm der nahen **Agíos Lázaros** wurde dem aus
dem 10. Jh. stammenden Kirchenbau erst nach Been-
digung der Türkenherrschaft im 19. Jh. zugefügt. Die
türkischen Herren ließen zuvor keine Konkurrenz zu
ihren Minaretten zu. Die Kirche wurde an der Stelle
errichtet, an der der Sarg mit den Gebeinen des Heiligen gefunden wurde. Selbstredend stellen die Iko-
nen im Kircheninnern hauptsächlich die Geschehnis-
se von Leben, Sterben und Wiedererweckung des
Lazarus dar. Die umliegenden Gebäude wurden frü-
her als Pilgerherbergen genutzt und dienen heute
u. a. als kirchliches Museum.

Der weitere Weg führt zur **Hauptgeschäftsstraße
Zinonos Kitieos**, die durch die hoch aufragenden Ho-
tel- und Geschäftsbauten entlang der Promenade
von deren bunt schillernder Welt abgetrennt erscheint. Am nördlichen Ende der Straße fällt links ein
weißes Haus im Kolonialstil auf: das höchst sehens-

werte **Pierides-Museum**. Die Familie Pierides, seit der
Mitte des 19. Jh. allesamt leidenschaftliche Sammler
von antiken Kostbarkeiten, stellt hier ihre exquisite
Kollektion aus: Vasen, Skulpturen, herrliche Kerami-

Agíos Lázaros, dem heiligen Lazarus geweiht

Aus der Türkenzeit stammt das Kamáres-Aquädukt

ken, alte Landkarten und zyprisches Mobiliar. Moderne zyprische Kunst fand im Garten in Form einer Skulpturensammlung Platz.

Am **Europa Square** (Plateia Evropis) schließt sich der Kreis des Stadtrundgangs. Hier wurde in den aus dem Jahr 1881 stammenden Lagerhäusern des Zollamtes ein **Städtisches Kulturzentrum** mit **Kunstgalerie** und **Paläontologischem Museum** eingerichtet. Fossilienfunde verlebendigen hier Fauna und Flora zyprischer Urzeit, und wechselnde Ausstellungen präsentieren zeitgenössische Kunst.

Sehenswertes hält auch die Peripherie der Stadt bereit. Südlich des Autobahnzubringers Richtung Lemesós stößt man auf die Reste des beeindruckenden **Kamáres-Aquädukts** aus dem 18. Jh., aus türkischer Zeit.

Weiter südlich befindet sich unweit des Flughafens direkt am Salzsee die **Hala Sultan Tekke**, eines der größten Heiligtümer der islamischen Welt. Die kleine Moschee soll sich über dem Grab der 649 hier verstorbenen Tante des Propheten Mohammed befinden.

Der Besuch gibt Gelegenheit den wahrscheinlich beim Anflug auf die Insel bereits aufgefallenen **Salzsee** aus der Nähe zu betrachten, was in der kühleren Jahreszeit von größerem Interesse sein dürfte. Dann bedeckt Wasser die flache Mulde mit einem Umfang von 15 km, und Zugvögel sowie Flamingoschwärme lassen sich beobachten. Im Sommer hingegen flimmert die Hitze über der weiß verkrusteten Salzschicht, die das verdunstete Wasser hinterlassen hat.

Etwa 10 km südwestlich von Lárnaka bezeichnet das **Kap Kití** mit dem kleinen Leuchtturm aus britischer Zeit das Südende der weiten Bucht. Wer ruhige

Strände sucht und nichts gegen ein Kies-Sand-Gemisch einzuwenden hat, kann hier wunderbar baden. Man sollte aber auf jeden Fall auch das nahe **Dorf Kití** besuchen – nicht so sehr, weil es den Namen des antiken Lárnaca, *Kition*, trägt, sondern wegen der ❹ **Panagía Angelóktistos**. Ob wirklich, wie der Name nahe legt, Engel die Erbauer waren, sei dahingestellt. Belegbar ist, dass hier auf den Ruinen einer frühchristlichen Basilika im 11. Jh. eine byzantinische Kirche errichtet wurde. Die Apsis ist als Teil des frühesten Baus erhalten. Das eigentliche Kleinod ist ein Mosaik aus dem 6. Jh., das Maria mit dem Kind, flankiert von den Erzengeln, zeigt und als kunsthistorisch bedeutsamstes christliches Mosaik Zyperns gilt.

Das touristische Zentrum Lárnacas liegt am entgegengesetzten, dem nordöstlichen Teil der Bucht. Hier reihen sich zahllose Hotels, Tavernen und Geschäfte entlang dem grausandigen, weitläufigen Strand und der Straße und bieten dem sonnenhungrigen Gast alle Möglichkeiten zu geruhsamer Erholung oder vielfältiger Urlaubsaktivität – ganz nach Gusto. Da die Autobahnanschlüsse sehr gut erreichbar sind, ist dies auch ein ausgezeichneter Ausgangspunkt für Entdeckungstouren über die Insel.

Tourist Informationen
– International Airport, CY-7130 Lárnaca
✆ 24 64 30 00/35 76
Tägl. 8.15–23 Uhr
– Plateia Vasileous Pavlou, CY-6023 Lárnaca
✆ 24 65 43 22

Fort – Mittelalterliches Museum
Juni–Aug. Mo–Fr 9–19.30, Sept.–Mai Mo–Fr 9–17 Uhr, Sa/So geschl.
Eintritt € 1,70 (nicht für Rollstuhlfahrer geeignet)

Agíos Lázaros
April–Aug. Mo–Sa 8–12.30 und 15.30–18.30, Sept.–März Mo–Sa 8–12.30 und 14.30–17 Uhr
Kirche aus dem 9. Jh.

Städtisches Kulturzentrum
Plateia Evropis, Strandpromenade
✆ 24 65 88 48
Di–Fr 10–13 und 17–20, Sa 10–13 Uhr
Eintritt frei

Pierides Museum
Zinonos Kitíeos 4
✆ 24 65 24 95
Mo–Do 9–16, Fr/Sa 9–13 Uhr
Eintritt € 2

④ Panagía Angelóktistos
Im Dorf Kití
Mo–Sa 8–12 und 14–16.30, Juni–Aug. bis 18 Uhr

 Hala Sultan Tekke (Moschee)
Juni–Sept. 7.30–19.30, Okt.–Mai bis 17 Uhr

 Cyprus Handicraft Service
Kosmá Lysióti 6
✆ 24 63 03 27
Reiches Angebot an zyprischem Kunsthandwerk.

 Stephan's Shirts
Evanthias Pieridi Street
Für alle, die immer schon einmal maßgeschneiderte
Hemden tragen wollten.

 Art Café 1900
Stasinou Street
✆ 24 65 30 27, www.artcafe1900.com.cy
Tägl. 18–24 Uhr
Neben guten Weinen, hausgemachtem Kuchen und
kleinen Snacks gibt's Kunst und manchmal Livekon-
zerte. €

 Blue Wave Restaurant
Dhekelia Road, in Höhe der Abzweigung nach
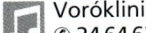 Voróklini
✆ 24 64 63 11
So abend geschl.
Von außen unscheinbare, direkt am Strand gelegene
Taverne, deren Spezialität Fischgerichte und *Meze*
sind. Unter Zyprioten ein Geheimtipp! Gelegentlich
Musik und Tanz. €

 **Black Orchid**
Dhekelia Road, ca. 2 km nördlich vom Blue Wa-
ve Restaurant
Ordentliche Snack-Bar mit gutem Preis-Leistungs-
Verhältnis. €

 **Musical Sundays**
Unterschiedliche Konzerte auf der Uferprome-
nade, März–Aug. So 11 Uhr, Eintritt frei

 Kataklismós
Volksfest, Kirmes und kirchliche Feierlichkeit
aus Anlass des zyprischen Pfingstfestes (Datum mit
unserem Pfingstfest meist nicht identisch) mit Zentrum auf der Uferpromenade.

Lárnaca Summer Festival
Alljährlich im Juli wartet dieses Fest mit Musik-,
Tanz- und Theateraufführungen auf.

G/H5/6

Lemesós (Límassol)

Lemesós, die zweitgrößte Stadt der Insel, zählt heute 228 000 Einwohner und hat damit ihre Bevölkerungszahl in den letzten 30 Jahren mehr als verdreifacht. Die Ursachen solch explosiven Wachstums liegen zum einen in der türkischen Besetzung von Famagústa, des bis dahin wichtigsten zyprischen Hafens, zum anderen im libanesischen Bürgerkrieg, der Wirtschaftsunternehmen und Privatleute veranlasste, Beirut den Rücken zu kehren und sich im nur eine halbe Flugstunde entfernten Zypern niederzulassen. Im Zuge dieser Entwicklungen wurde aus dem beschaulichen Lemesós eine der wichtigsten Hafenstädte im Drehkreuz zwischen Europa, Asien und Afrika und ein bedeutendes Finanz- und Wirtschaftszentrum. Davon profitierten auch die alt eingesessenen Industrieunternehmen, die großen Weinkellereien und die Brauerei KEO, die ihrerseits expandierten.

So erfreulich der Zuwachs an Arbeitsplätzen und Finanzkraft für die Stadt fraglos ist, so zeigt er doch auch seine Schattenseiten. Der Bauboom der letzten

Hafenstadt und Wirtschaftszentrum: Lemesós

Jahrzehnte war wenig geeignet, ein spezielles städtisches Flair zu schaffen oder zu erhalten, und das um ein Vielfaches gesteigerte Verkehrsaufkommen ließ nur wenige Stadtteile unberührt. Gerade die Küstenstraße ist stark davon betroffen, sodass die ohnehin nicht gerade üppigen städtischen Strände alles andere als Oasen der Ruhe sind. Die Palmenpromenade östlich des Alten Hafens wurde vor einigen Jahren erst angelegt und sollte wohl eine Imagekorrektur in Richtung »weltstädtischen Badeortes« bewirken. Da sie sich nur begrenzten Zuspruchs erfreut, liegt der Schluss nahe, dass, wer Lemesós als Urlaubsort wählt, anderes sucht: städtische Umtriebigkeit und kosmopolitische Atmosphäre.

Doch trotz aller Ausrichtung am Zeitgeist bleibt auch diese zyprische Großstadt verwurzelt im historischen Erbe. Zwei der großen antiken Stadtkönigreiche lagen in unmittelbarer Nähe, und die Ausgrabungsstätten, die von Amáthus am nordöstlichen Stadtrand und die von Koúrion etwas weiter entfernt im Westen, flankieren sie als glanzvolle Außenposten. Auch das Mittelalter hat seine Spuren hinterlas-

sen: In Form der Reste einer Kreuzritterburg, Kolóssi genannt, und in Form des Berichts von der Hochzeit des englischen Königs Richard Löwenherz mit Berengaria von Navarra, die er hier nicht nur ehelichte, sondern auch zur Königin krönte.

Ort des denkwürdigen Geschehens soll die **Burg** gewesen sein, eine Art befestigter Wohnturm in Höhe des Alten Hafens, der im 13. Jh. auf den Fundamenten eines byzantinischen Gebäudes errichtet und zur Zeit der Türkenherrschaft in der heutigen Form umgestaltet wurde. Das **Museum des Zyprischen Mittelalters** ist dort untergebracht. Beeindruckender als die Exponate, als Keramik, Silberteller, Münzen und Rüstungen, erscheinen die Räume selbst, die exzellent restauriert wurden. Vom Zinnen bewehrten Dach hat man einen hübschen Blick auf die benachbarte **Altstadt**.

In diese sollte man anschließend in aller Ruhe eintauchen, denn hier ist auch heute noch traditionelles zyprisches Leben zu Hause. In kleinen Handwerksbetrieben werden Gegenstände des täglichen Bedarfs, Kleinmöbel, vor allem aber Gerätschaften aus Metall, gefertigt und vor der Tür zum Verkauf angeboten. Da wird noch gehobelt und gesägt und das heiße Eisen mit geschickten Hammerschlägen in Form gebracht. Es wird auch mit schneller Nadel gestichelt – von fleißigen Schneidern, die ihren Kunden Maßgeschneidertes in kürzester Zeit anbieten.

Touristen spielen auch in der **Markthalle** allenfalls eine Statistenrolle, denn hier wird dem Großstadtbewohner die landwirtschaftliche Produktpalette offeriert: Geflügel, Ziegen- und Schaffleisch, Fisch und andere Meeresfrüchte, Gemüse und die opulente Fülle des Obstes, das die Insel hervorbringt.

Ganz anders sieht es auf der **Ágiou Andréou Street** aus, der Einkaufsmeile der Altstadt. Hier ist das Angebot der vielfältigen Läden eindeutig am touristischen Geschmack ausgerichtet: Schuhe, Lederbekleidung, Ledertaschen und Textilien, alles durchaus ansprechend, aber auch nicht gerade billig. Wer sich nicht nur auf die Auslagen konzentriert, kann auch so manches schöne alte Bürgerhaus aus britischer Zeit bewundern, darunter die **Stadtbibliothek** in Höhe der Zinas Kánther.

Als Einstimmung auf den Besuch der antiken Ausgrabungsstätten empfiehlt es sich, den Stadtrundgang im **Archäologischen Museum** zu beenden, wo die herausragenden Funde aus dem Umfeld gezeigt werden. Das Museum liegt direkt am **Stadtpark**, der in jedem September Zentrum des von den großen Weinproduzenten gesponserten Weinfestes ist. Ihrer Lust am Feiern kommen die Einwohner auch im Karneval nach, wenn jedermann sich bei Kostümbällen und Umzügen vergnügt.

Amphitheater mit Meeresblick in der ehemaligen Königsstadt Koúrion

Das ca. 10 km in östlicher Richtung vom Stadtzentrum entfernte **Amáthus** erreicht man per Mietwagen, Taxi oder Linienbus über die Küstenstraße. Dabei wird der größte Teil des östlich der Stadt neu entstandenen Hotelviertels durchquert, wo sich Unterkünfte jeder Kategorie und Art sowie viele Läden und Tavernen aneinander reihen und unterhaltsame Urlaubstage versprechen.

Vom antiken Amáthus wurden Teile der Akropolis und der Agora freigelegt. Als Erleichterung für den Betrachter erweist sich eine auf erhöhtem Podest angebrachte Übersichtskarte, die eine Bestimmung der Fundamente erlaubt. Wenig lässt sich über den einstmals hier gepflegten Aphrodite-Kult ausmachen, und leider avancierte auch die in alten Zeiten als »Koloss von Amáthus« bekannte Herkules-Statue längst zu einer der Attraktionen des Archäologischen Museums in Istanbul.

Der in der Regel nicht archäologisch vorgebildete Besucher wird mit Gewissheit sehr viel stärker durch die westlich von Lemesós liegenden Ausgrabungen der Königsstadt ❺ **Koúrion** angesprochen werden. Hier öffnet sich nicht nur das Halbrund eines im 2. Jh. v. Chr. errichteten, um 100 n. Chr. erweiterten griechisch-römischen **Amphitheaters** mit der grandiosen Kulisse von Küste und Meer. Hier lässt sich auch am **Haus des Eustolios** mit seinen 35 Räumen und an der weitläufigen, mit schönen Mosaiken ausgestatteten Thermenanlage Komfort, ja, Luxus römischer Villen ablesen. Der Grundriss der **frühchrist-**

lichen Basilika mit dem klar abgetrennten Baptisterium (Taufkapelle), weist auf den Schwerpunkt der frühen christlichen Bekehrungsbemühungen hin.

Das ca. 2 km weiter westlich gelegene, auf das zweite vorchristliche Jahrhundert datierte **Stadion**, das 6000 Zuschauern Platz bot, vermittelt einen Eindruck von den Freizeitvergnügen römischer Zeit.

Damit nicht genug, befinden sich weitere 3 km westlich die Reste eines **Apollon Hylates** (Beschützer des Waldes) geweihten Heiligtums, das mit hoher Wahrscheinlichkeit vom 8. Jh. v. Chr. bis 4. Jh. n. Chr. genutzt wurde. Pilgerunterkünfte, Priesterwohnungen und Wirtschaftsgebäude lassen sich genauso ausmachen wie der antike Opferaltar und der teilweise restaurierte Tempel. Dass diese archäologische Stätte gärtnerisch besonders anziehend gestaltet wurde, erhöht ihren Reiz und lässt die britischen Antennenmasten jenseits des Zaunes fast vergessen.

Auf der Rückfahrt nach Lemesós kann man dann noch der **Burg von Kolóssi**, einem im 15. Jh. auf den Fundamenten eines 200 Jahre älteren Vorgängerbaus errichteten Wohnturm des Johanniterordens, einen Besuch abstatten. Interessanter vielleicht als die Besichtigung der kargen, mittelalterlichen Räume dürfte der Blick vom Dach über die weiten Wein- und Obstplantagen sein, die sich bis Lemesós erstrecken.

Tourist Informationen
– Spyrou Araouzou Street, nahe dem alten Hafen
CY-3036 Lemesós, ✆ 25 36 27 56
www.limassolmunicipal.com.cy
– Georgiou A' 22, am Anfang der östl. Touristenzone
CY-4047 Lemesós, ✆ 25 32 32 11
– Lemesós Hafen (für Schiffspassagiere)
✆ 25 57 18 68

Museum des Zyprischen Mittelalters/ Medieval Museum
Nahe dem alten Hafen, Lemesós
✆ 25 30 54 19
Mo–Sa 9–17, So 10–13 Uhr
Eintritt € 1,70

Archäologisches Museum, Bezirksmuseum
Káningos/Ecke Byron Street, Lemesós
✆ 25 30 51 57
Di/Mi, Fr 8–15, Do 8–17, Sa 9–15 Uhr
Eintritt € 1,70

Ausgrabungen von Amáthus
Juni–Aug. tägl. 8–19.30, April/Mai und Sept./ Okt. bis 18, Nov.–März bis 17 Uhr
Eintritt € 1,70

Wohnturm der Johanniter: Burg von Kolóssi

H5

Burg von Kolóssi
14 km westl. von Lemesós Richtung Páfos
Juni–Aug. tägl. 8–19.30, April/Mai u. Sept./Okt. bis 18, Nov.–März bis 17 Uhr, Eintritt € 1,70

H5

❺ Koúrion – Archäologische Stätte
19 km westl. von Lemesós an der Straße nach Páfos
Juni–Aug. tägl. 8–19.30, April/Mai und Sept./Okt. bis 18, Nov.–März bis 17 Uhr, Eintritt € 1,70

H4

❺ Heiligtum des Apollon Hylates
21 km westl. von Lemesós an der Straße nach Páfos, Juni–Aug. tägl. 8–19.30, April/Mai und Sept./Okt. bis 18, Nov.–März bis 17 Uhr, Eintritt € 1,70

H6

KEO-Weinkellerei und Brauerei
Franklin Roosevelt Avenue 1, Lemesós
✆ 25 58 32 33
Mo–Fr 10 Uhr Führungen mit Weinprobe, Eintritt frei

H5

Fasouri Watermania Waterpark
15 Min. von Lemesós entfernt (Shuttlebus)
✆ 25 17 42 35
www.fasouri-watermania.com
16. April–16. Okt. 10–17, Juni–Aug. bis 18 Uhr
Eintritt € 29/16, bis 3 J. frei
Wasserlandschaft mit 30 Rutschen, Beachvolleyball etc.

H6

Cyprus Handicraft Service
Themidou Street 25, Lemesós
Die Auswahl ist begrenzt, die Preisgestaltung reell.

Pantopoulion
Kanaris Street, Lemesós

Mo–Sa 11.30–15.30 und 19–24 Uhr
Stimmungsvolle Taverne in der ehemaligen Fisch-
markthalle, mit viel Flair und Stil. Mittags hat man eine Riesenauswahl, abends wird nur *Mezé* serviert.
Hervorragende Auswahl zyprischer Weine, abends
öfters Livemusik. €

Strettos Café
Vassilis Street, Carob Mill Complex, Lemesós
℘ 25 82 04 65, tägl. ab 11 Uhr
Von der jungen Szene bevorzugtes, hypermodern
gestaltetes Bistro und Restaurant, kreative Küche,
stets lebende Langusten und Hummer. €

H6

Lemesianes Vradies
Irinis Street 111, Lemesós
℘ 25 35 33 78, 25 36 79 81, tägl. ab 19.30 Uhr
Auch hier speist man in einer alten Villa, und
zwar vorrangig *Mezé*. Üblicherweise gibt es auch Musik. €

H6

Cleopatra
Leoforos Archipiskopou Makariou III, Lemesós
℘ 25 58 67 11
Gutes libanesisches Restaurant, manchmal Bauch-
tanz. €

H6

Coúcos Nest
Ágios Andreas St. 228, Lemesós
Taverne mit zyprischem Charme und günstigen
Preisen. €

G6

Golfplatz Vikla Golf & Country Club
20 km nordöstlich von Lemesós beim Dorf Vikla
℘ 25 62 28 94, www.vikla4golf.com

Bootsausflüge
Programm, Ticketverkauf und Start der Touren
am Alten Hafen.

Musical Sundays
April–Mitte Mai 11, Mitte Mai–Anfang Juli 21
Uhr, Eintritt frei
Konzerte im Seaside Theatre an der Uferpromenade.

Unter den zahlreichen Festivals der Stadt
finden besondere Beachtung:
Kataklysmos: Fest im Juni mit Wasserspielen,
aber auch Tanz- und Gesangswettbewerben.
Wein-Festival: In Anlehnung an die Feierlich-
keiten zu Ehren des griechischen Gottes Dyoni-
sos in der Antike begeht man im September dieses Fest mit Weinverkostung und Speisen aus
der heimischen Küche – zu moderaten Preisen.

Strand-Bar

Pissoúri Beach und Aphrodite-Felsen

Wer **Pissoúri Beach** als Standort für seinen Inselurlaub gewählt hat, hat sich damit auch für die Ruhe und Beschaulichkeit eines kleinen Badeortes entschieden. Es gibt nur wenige (sehr schöne) Hotels und Apartmenthäuser, und einem weiteren Ausbau der Infrastruktur steht die Begrenzung des Raumes in der kleinen Bucht entgegen. Auch der oberhalb auf einem Bergvorsprung thronende Ort **Pissoúri** hat sich seinen speziellen dörflichen Charme bewahrt – und natürlich den grandiosen Ausblick über die Bucht.

Die Küste wird an diesem Abschnitt felsiger, als man es von den östlichen Bereichen gewöhnt ist. Teilweise fallen die Klippen steil zum Meer hin ab, was zwar das Baden nicht überall möglich macht, aber doch recht pittoresk wirkt. Fährt man von Pissoúri Richtung Páfos weiter, trifft man bald auf eine Stelle, wo solche Landschaftsdramatik noch durch zwei aus dem Meer ragende Felsbrocken akzentuiert wird. Just hier, so will es der Mythos, soll Aphrodite dem Meer entstiegen sein und erstmals irdischen Boden betreten haben. Das ist selbstredend keine Glaubensfrage.

Klein, aber fein: Pissoúri Beach

Aber die Stelle wäre jeder Göttin würdig. ❻ **Pétra tou Romíou** werden die Felsbrocken heute genannt, wobei eine ganz andere Sage Pate stand: Der byzantinische Held Digenis Akritas soll diese Felsen als Wurfgeschosse zur Abwehr von Sarazenen benutzt haben.

Wie dem auch immer gewesen sein mag, richtig ist, dass man sich allmählich dem Zentrum der Aphrodite-Verehrung auf Zypern und der gesamten antiken Welt nähert: Koúklia oder Alt-Páfos.

 Bunch of Grapes Inn
Mitten im Dorf Pissoúri
Tägl. 12–15 und 17.30–22 Uhr
Erstklassiges Haus mit englischer und zyprischer Küche und gelegentlichen Musikdarbietungen. €

Palió Limánaki
Oberhalb des Strandes in Pissoúri Beach
✆ 25 22 12 88
www.limanakipissouri.com
Man serviert ausgezeichnete Steaks, Currys und Moussaká, dazu Wein aus ökologischem Anbau. €

Páfos

Wie kaum eine andere zyprische Stadt ist das moderne Páfos mit seiner langen und wahrlich glanzvollen Geschichte verwoben, so sehr, dass die UNESCO die ganze Stadt zum Weltkulturerbe erklärte. Dennoch bewegt der Gast sich hier nicht in einer Art Open-Air-Museum. Páfos ist bei aller kulturhistorischen »Bürde« höchst lebendig geblieben und gibt sich stellenweise sogar vorbehaltlos den Bedürfnissen eines touristischen Zentrums hin.

Die historische Keimzelle der Stadt lag im heutigen Dorf **Koúklia**, griechisch auch *Paléo-Páfos*, Alt-Páfos, genannt, das ca. 14 km östlich des neuen Páfos auf einem flachen Kalksteinhügel liegt. Dort gab es nachweislich seit dem 15. Jh. v. Chr. eine bedeutende Siedlung, in der sich während der Wanderungsbewegungen des 13. und 12. Jh. achäische Griechen niederließen. Die antike Stadt war Sitz eines der mächtigsten zyprischen Königsgeschlechter, deren Ansehen und Macht vor allem darauf beruhten, dass sie gleichzeitig als Hohepriester des in der damaligen griechischen Welt wichtigsten ❼ **Aphrodite-Heiligtums (Paleia Páfos)** fungierten.

Aphrodite von Sóli (1. Jh. v. Chr.)

Über die dort gepflegten Kulthandlungen weiß man vor allem durch die Berichte antiker Autoren, die wie viele der geistigen und politischen Größen der Antike zu diesem religiösen Zentrum pilgerten. So wurde die Göttin nicht in Form einer Statue in Menschengestalt verehrt, sondern in einem großen schwarzen Stein (heute im Museum in Lefkosía zu sehen). An den Festen wurde dieser Stein mit Öl gesalbt und auf dem Hauptaltar Weihrauch als Opfergabe verbrannt. Es wird auch von Tempelprostitution als Teil der pafischen Kultbräuche berichtet.

Ihre größte Blütezeit erlebten Alt-Páfos und seine Kultstätte im 7.–4. Jh. v. Chr. Unter der sich anschließenden Ptolemäer-Herrschaft wurden dann der wirtschaftliche und administrative Bereich zunehmend nach Neu-Páfos verlagert, was die Bedeutung des Heiligtums allerdings nicht schmälerte. Erst die Ausbreitung des Christentums setzte dem heidnischen Kult ein Ende. Allerdings leben Anklänge an den antiken Fruchtbarkeitskult, natürlich christlich umgedeutet, bis heute fort.

Im 13. Jh. erbauten die Lusignans im Bereich von Alt-Páfos eine Burg, **Château de Conuclia**, wo die reichen Rohrzuckererträge aus der Ebene raffiniert wurden. Den dazu not-

Das römische Mosaik »Leda und der Schwan« – zu sehen in Koúklia

wendigen Bauten mussten die Relikte des Heiligtums, soweit noch vorhanden, weichen, oder sie wurden als Baumaterial benutzt.

Diesem Umstand sowie der Tatsache, dass das Heiligtum nie einen Tempel besaß, sondern als offener heiliger Bereich angelegt war, auf dem (wie Münzprägungen vermuten lassen) ein dreischiffiges Kultgebäude mit dem Kultstein stand, ist es zuzuschreiben, dass die Ausgrabungsstätte dem heutigen Besucher wenig Anschauliches bietet. Allenfalls in den Mosaiken aus der Römerzeit (darunter »Leda und der Schwan«) und im Museum tritt ihm die Geschichte dieses einst so bedeutsamen Ortes in Form achaischer Plastik, in Münzen und Inschriften, Keramikgefäßen und Waffen entgegen. Untergebracht ist das Museum in den Gebäuden, die aus der Zeit der Lusignans stammen, in türkischer Zeit jedoch umgestaltet wurden.

Das in direkter Nachbarschaft liegende **Katholiki-Kirchlein** wurde im 14. oder 15. Jh. errichtet und ist vor allem wegen seiner merkwürdigen Vertäuung sehenswert. Dicke Schnüre sind rund um das alte Gemäuer gewunden, ob als symbolischer Schutz, ob als ferne Erinnerung an den Gürtel der Aphrodite, der sie unwiderstehlich machte, – keiner weiß es zu sagen.

Auf dem Weg ins neue, ins heutige Páfos kommt man in **Geroskípou** noch an der wahrscheinlich ältesten erhaltenen christlichen Kirche Zyperns vorbei. Der Besuch der **Agía Paraskevi** lohnt indes auch wegen der sehr schönen Wandmalereien aus dem 9. bis 15. Jh.

Die **Stadt Páfos** selbst lässt sich in drei recht unterschiedliche Bereiche unterteilen: Die Altstadt, **Kato**

Páfos, rund um den Hafen, die von der Herrschaft der Ptolemäer bis hin zum Ende der Römerzeit (also für rund 600 Jahre) Inselhauptstadt war und wo sich deshalb die meisten historischen Sehenswürdigkeiten und ein Teil der älteren Hotels und Restaurants befinden, **Ktíma**, das Verwaltungszentrum, das durch sein reges Alltagsleben für sich einnimmt, und die **neuen Hotelviertel**, die im Süden und Norden in den letzten Jahrzehnten entstanden. Architektonische Glanzlichter darf man in Letzteren nicht suchen, dafür eine umfassende touristische Infrastruktur und Hotels, deren Garten- und Poolanlagen für die relativ kleinen Strände entschädigen.

cC2

cB/cC 1/2

Lebensmittelpunkt von Kato Páfos ist bis auf den heutigen Tag der **Hafen** geblieben, dessen Mole von einem 1591 auf den Grundmauern älterer Festungsanlagen errichteten **Fort** bewacht wird. Nur wenige Schritte führen von dort zum **Archäologischen Park**, der, auf dem Gelände des antiken Stadtzentrums liegend, bedeutende archäologische Fundstätten zusammenfasst. Am beeindruckendsten sind wohl die Fundamente dreier bislang der Öffentlichkeit zugänglich gemachter römischer Villen aus dem 3. bis 5. Jh., in deren schön erhaltenen Bodenmosaiken die

Das Fort im Hafen von Páfos

Panagía Chrysopolítissa in Páfos

antike Mythologie nachlebt. So stehen im **Haus des Dionysos** z.B., wo von 2 000 qm Grundfläche 556 qm mit Mosaikböden ausgestattet waren, die Mythen rund um den Gott des Weines und der berauschende Rebensaft selbst im Mittelpunkt der Darstellung.

Abwechslung bot den Bewohnern zur Römerzeit ein in unmittelbarer Nähe liegendes Amphitheater, das aus dem 2. Jh. stammende **Odeon**, wo heute noch im Sommer Aufführungen stattfinden. Vom angrenzenden **Asklípion**, dem Heiligtum des Gottes der Heilkunst, Äskulap, und zugleich Heilstätte, sind ebenso wie vom gesamten römischen **Forum** indes nur bescheidene Fundamentreste geblieben.

Auch die mittelalterliche Burganlage der Lusignans, bei deren Bau man sich der Säulen des römischen Forums bediente, weshalb sie den Namen **Saránda Kolónnes** trägt, liegt bis auf wenige rekonstruierte Mauerbögen in Trümmern – und das seit einem Erdbeben im Jahre 1222.

Der Weg durch die Geschichte und zu den Sehenswürdigkeiten der Stadt führt nun (östlich der Hauptstraße Apostólou Pávlou) zur **Panagía Chrysopolítissa**, einer im 13. Jh. errichteten Kirche. Ein Säulenstumpf, der dort steht, erinnert an den Aufenthalt des Apostels Paulus auf Zypern (im Jahre 45/46). An eben jener Säule soll er auf Befehl des römischen Statthalters Sergius Paulus gegeißelt worden sein. Durch die Kraft seiner Worte und Wunder konnte er den römischen Machthaber jedoch zum Christentum bekehren, weshalb Zypern sich noch heute rühmt, der erste christlich regierte Staat der Erde gewesen zu sein.

G2

Ein weiteres pafisches Highlight befindet sich im Norden der Stadt an der Straße Richtung Coral Bay: die sogenannten ❽ **Königsgräber**. Gekrönte Häupter fanden hier zwar nicht ihre letzte Ruhestätte, aber königlich kann diese Nekropole dennoch genannt werden. Angelegt wurde sie zur Zeit der Ptolemäer wahrscheinlich für die Bestattung hoher Beamter, wobei sich hier ägyptischer Totenkult auf eindrucksvolle Weise mit hellenistischem Stilempfinden verband. Dies manifestiert sich vornehmlich in den Peristylgräbern, unterirdischen Grabstätten, die mit hoher Wahrscheinlichkeit den damals üblichen Häusern der Lebenden in Páfos entsprachen. So wurden die Grabkammern um ein von dorischen Säulen und Pfeilern gerahmtes Atrium in den Fels gehauen, und wie die Wohnhäuser mit Stuckornamenten und Fresken (wovon leider nur spärliche Reste erhalten blieben) verkleidet. Genutzt wurde die Begräbnisstätte auch in der gesamten Römerzeit. Während der Christenverfolgung diente sie als Unterschlupf, im Mittelalter zeitweise sogar als Wohnort.

Vom Ort der Toten führt der Weg zurück ins brodelnde Leben: hinauf zur Oberstadt **Ktíma**. Zentrum des Geschehens ist hier die große **Markthalle** mit ihrem vielfältigen Angebot. Daran schließen sich die Gassen des Altstadtviertels, Laiki Gitoniá, an, wo in zahlreichen Geschäften u.a. auch recht anspruchsvolles Kunsthandwerk angeboten wird. Sollten die geistigen und physischen Kräfte danach noch nicht erschöpft sein, kann ein Besuch des **Ethnographischen Museums** empfohlen werden. Die Privatsammlung zeigt zyprische Volkskunst von der Jungsteinzeit bis heute.

G2

Tourist Informationen
– Gladstone St. 3
CY-8046 Páfos, ℘ 26 93 28 41
– Páfos International Airport
CY-8320 Páfos, ℘ 26 42 31 61
– Leoforos Poseidonos 63 A
CY-8042 Kato Páfos, ℘ 26 93 05 21

cB/cC
1/2

Archäologischer Park
Kato Páfos, in der Nähe des Hafens
Juni–Aug. tägl. 8–19.30, April/Mai u. Sept./Okt. tägl. bis 18, Nov.–März bis 17 Uhr, Eintritt € 3,40

G2

❽ **Königsgräber/Tombs of the Kings**
Nördl. des Archäologischen Parks, Kato Páfos
Juni–Aug. tägl. 8–19.30, April/Mai und Sept./Okt. tägl. bis 18, Nov.–März bis 17 Uhr, Eintritt € 1,70

G2

Agía Paraskevi
Am Dorfplatz von Geroskípou

Mo–Sa 8–13 und 14–17, Nov.–März bis 16 Uhr
Fünfkuppelbau mit sehenswerten Fresken.

 ❼ Aphrodite-Heiligtum und Museum/Paleia Páfos
Koúklia, ca. 14 km östl. von Páfos
Tägl. 8–16, Do bis 17 Uhr
Eintritt € 3,40

G3

Ethnographisches Museum
Exo Vrysis St. 1, Páfos
Mo–Sa 10–18, So bis 13 Uhr, Eintritt € 3

G2

Archäologisches Museum
Griva Digeni St., Páfos
Di, Mi, Fr 8–15, Do 8–17, Sa 9–15 Uhr, Eintritt € 1,70

G2

Aquarium
Artemidios St. 1, Kato Páfos
✆ 26 95 39 20, www.tsiolisgroup.com
Tägl. 10–20 Uhr, Eintritt € 8

cB3

Wasserpark Aphrodite
Geroskípou, im südlichen Hotelbezirk
✆ 26 91 36 38, www.aphroditewaterparks.com
15. April–Juni 10.30–17.30, Juli/Aug. 10–18, Sept./
Okt. 10–17 Uhr
Eintritt € 29, € 16 (bis 11 J.), bis 3 J. frei
Bei Anfahrt mit dem Bus (Linien 11 und 15) wird der
Fahrpreis mit dem Eintrittspreis verrechnet.

G2

Kinyras Venue Cafe
Off Poseidonos Avenue, Kato Páfos
Das Restaurant des gleichnamigen Hotels bietet aus-

G2

Peristylgrab

gezeichnete Küche und schönes Ambiente gleichermaßen. €

 Latérna Cyprus Tavern
Appóllonos St. 2, Kato Páfos
✆ 26 93 23 93, tägl. ab 17.30 Uhr
Taverne mit gutem Essen im Hotelviertel. €

Sóli-Aépia
Talaat Pasa St. 1, direkt unterhalb der Markthalle, Páfos
✆ 26 93 32 72
Gute zyprische Küche, exzellentes Preis-Leistungsverhältnis, freundlicher Service und ein schöner Blick auf Stadt und Bucht. €

 Cyprus Handicraft Service
Apostolos Pavlos Ave. 64, Kato Páfos
Die Niederlassung der staatlich kontrollierten Kette bietet wie üblich Authentisches zu angemessenen Preisen.

 Golfplätze
Vier der fünf 18-Loch-Golfanlagen Zyperns liegen in unmittelbarer Nähe von Páfos:
– **Minthis Hills Golf Club**: 8 km nördl. von Páfos

✆ 26 64 27 74/75, www.cyprusgolf.com
Greenfee € 48–65
– **Secret Valley Golf Club**: 18 km östl. von Pétra toú Romiou

✆ 26 27 40 00, www.cyprusgolf.com Greenfee € 48–65
– **Aphrodite Hills Golf**: 25 km östl. von Páfos
✆ 26 82 82 01, www.aphroditehills.com
Greenfee € 105–150
– **Elea Estate Golf Club**: 6 km östl. von Pafos
✆ 26 20 20 04, www.eleaestate.com
Greenfee € 70–120

 Musical Sundays/Aphrodite Festival
Das Hafenfort bietet die Kulisse für die Sonntagskonzerte (April/Mai 11, Juni/Juli 18 Uhr) und für Theateraufführungen im Rahmen des Aphrodite-Festivals Anfang September.

Lémpa, Émpa, Pólis, Latchí und das Bad der Aphrodite (Akámas-Halbinsel)

Schon 5 km nördlich von Páfos befindet sich etwas abseits der Hauptstraße das Dorf **Lémpa**, das durch die Ausgrabung einer **Siedlung der Kupfersteinzeit** Berühmtheit erlangte. Was diese archäologische Stätte auch für Laien besonders attraktiv macht, ist die Rekonstruktion einiger Häuser gemäß den Auswertungen der Bodenfunde und eines bronzezeitlichen Hausmodells. Die aus Lehmziegeln errichteten und mit Ockerfarbe bemalten Rundbauten lassen eine Vorstellung vom Leben um 3500–2500 v. Chr. erstehen. Ebenso befremdlich wie bemerkenswert sind die Librationslöcher im Fußboden einiger Häuser: Darunter waren Kindergräber, denen man durch die Löcher flüssige Opfergaben zuführte.

Das im Dorf etablierte **Cyprus College of Art**, das regelmäßig Kunstseminare durchführt, sorgte dafür, dass Lémpa zu einer Art Künstlerdorf wurde. In Ateliers und Souvenirläden kann man die Produkte des künstlerischen Schaffens bewundern und erstehen. Im benachbarten Dorf **Émpa** lädt eine Mosaikwerkstatt zum Besuch ein. Hier werden nach antiken Vorlagen Mosaike angefertigt.

Die Landschaft zeigt sich bei der Weiterfahrt nicht nur ausgesprochen schön, sie demonstriert in den ausgedehnten Wein- und Obstplantagen, auf denen neben Bananen, Orangen, Aprikosen und sogar Ananas gedeihen, zudem eine geradezu überbordende Fruchtbarkeit. Anmutig präsentiert sich auch die Küste rund um **Coral Bay** – vorausgesetzt man ist bereit, die Bebauung mit Hotels und Ferienhäusern als notwendigen Tribut an solche Reize zu akzeptieren. In einer Ausgrabungsstätte auf der Halbinsel **Palaiokastro-Máa** wurden die Reste einer Siedlung aus dem 13. Jh. v. Chr. freigelegt. Diese wie die im zugehörigen Museum ausgestellten Funde belegen die Kolonisierung Zyperns durch mykenische Siedler.

Rund 40 km nördlich von Páfos erreicht man nach schöner Fahrt durch hügeliges Gelände die Stadt

Gemütlich: Platía von Pólis

Eine der schönsten Wanderregionen Zyperns: die Akámas-Halbinsel

Pólis, auf dem Gebiet des in der Antike mächtigen, um 312 v. Chr. jedoch zerstörten Stadtkönigtums *Marion* gelegen. Im Vergleich zu manch anderen Urlaubsorten ist Pólis bis heute geradezu dörflich geblieben, was sich an der schönen, neu gestalteten *Platia* im Zentrum gut ausmachen lässt.

Die Cafés und Restaurants dienen Zyprioten und Gästen gleichermaßen als Treffpunkt, und der kleinen, touristischen Fußgängerzone mit Souvenirläden schließt sich die Markthalle an, in der die Bewohner ihre Einkäufe tätigen. Auch das Angebot an Hotels und Apartments ist dem kleinstädtischen Rahmen angepasst, was dem Ort den Charakter einer beschaulichen Sommerfrische alten Stils verleiht.

Vor allem Urlauber, denen die Erkundung der Natur per Mountainbike oder zu Fuß mehr am Herzen

liegt als die Beschäftigung mit den Relikten der Vergangenheit oder pures Strandleben, fühlen sich hier wohl. Dennoch muss weder auf Kultur noch auf Strände verzichtet werden: Ein kleines **Archäologisches Museum** präsentiert Fundstücke aus der Region, und Strände gibt es sowohl unterhalb eines großen Eukalyptuswaldes am Ortsrand als auch zwischen Pólis und Latchí, ganz abgesehen von den kleinen, versteckten Buchten rund um die ❾ **Akámas-Halbinsel**.

Gerade diese noch wenig erschlossene, wildromantische Halbinsel in direkter Nachbarschaft erhöht den Reiz der Region. Allein fünf ausgeschilderte Wanderwege (zwischen 7,5 und 1,5 km) durch das Naturschutzgebiet wurden von der zyprischen Tourismusbehörde in Zusammenarbeit mit dem Amt für Forstwirtschaft empfohlen. Auf solchen Touren, die

E/F
1/2

teilweise durchaus körperliche Fitness (neben gutem Schuhwerk und ausreichenden Trinkwasserreserven) voraussetzen, kann man dem besonderen Pflanzenreichtum (600 Arten) und der Vielfalt der Fauna nachspüren oder sich schlicht vom Landschaftseindruck überwältigen lassen.

Die Siedlung **Latchí**, die bis vor einem gutem Jahrzehnt kaum den Status eines Dorfes für sich in Anspruch nehmen konnte, hat durch eine Vielzahl neu erbauter Hotels und Apartmenthäuser ihren Charakter grundlegend verändert, ohne bislang ein eigenes »Gesicht« gewonnen zu haben. Zentraler Punkt des Ortes, der sich entlang der Straße ausbreitet, ist der Fischereischutzhafen geblieben, wo man eine Reihe von Tavernen findet und die Anleger für Bootstouren zur **Fontana Amorosa** im Norden der Akámas-Halb-

insel. Auch wenn diese Süßwasserquelle direkt am Meeresrand inzwischen versiegt ist und damit auch die von ihr ausgehende Verheißung ewiger Jugend, bleibt eine solche Tour entlang der reizvollen Küste eine schöne Abwechslung.

Ganz sicher bietet sie mehr als der Anblick des **Bades der Aphrodite**, eines kleinen Felsentümpels im Schatten alter Feigenbäume. Der Sage nach soll der Platz der Göttin dereinst als lauschiges Liebesnest für ihre amourösen Abenteuer gedient haben. In Zeiten, als Tourismus noch ein Fremdwort war, mag das wohl vorstellbar gewesen sein. Doch angesichts der nicht abreißenden Kette Neugieriger aus aller Herren Länder müssen auch Götter nach ganz anderen Hideaways Ausschau halten.

Vielleicht wäre das Hotel Anassas zwischen Latchí und dem Götterbad heutzutage der angemessene Ort. Dieses traumhaft gelegene Haus bietet Luxus pur in exklusiver Gesellschaft – zu olympischen Preisen.

ℹ️ **Tourist Information**
Vasileos Stasioikou A' St. 2
CY-8820 Pólis Chrysochous
✆ 26 32 24 68

👁 **Ausgrabungsstätten in Lémpa**
Jederzeit frei zugänglich.

🏛 **Museum der mykenischen Kolonisierung Zyperns**
Palaiokastro-Máa, Coral Bay
Mo–Sa 8.30–16, April–Okt. bis 17 Uhr
Eintritt € 1,70

🏛 **Archäologisches Museum**
Makariou III Street, Pólis
Di, Mi, Fr 8–15, Do bis 17, Sa 9–15 Uhr, So/Mo geschl.
Eintritt € 1,70

George's Water Sports
Am Hafen von Latchí
☏ 99 63 28 40
Vermietungen von Speedboats bis zu 150 PS, Wasserski, Wake Boards, Knee Boards und Windsurfing.

Art Café Kivótos 3000
Zwischen Platía und Polizei, Pólis
☏ 99 55 51 93
Von einer Deutschen geführtes, sehr kinderfreundliches und kommunikationsförderndes Café. €

Yiángos & Peter
Latchí, Hafen
Die älteste Taverne am Ort mit gepflegter Küche, besonders gerühmt werden die frischen Fischgerichte. €

Ttákkas Bay
Zwischen Latchí und dem Bad der Aphrodite
Nette Taverne, direkt am Strand. €

Paragliding am Strand von Coral Bay

E–G
4–6

Das mächtige Tróodos-Gebirge
Wälder, Kirchen, Klöster und Dörfer

Zum speziellen Reiz Zyperns trägt ganz ohne Zweifel der Abwechslungsreichtum der Landschaftsformen bei. Fast überall im Südteil der Insel schließt sich einer fruchtbaren Küstenebene die ganz allmählich an Höhe gewinnende Berglandschaft an, die sich rund um ihr Zentrum, den zyprischen Olymp, zu fast 2000 Metern aufschwingt. Die Ausläufer dieses **Tróodos** genannten Gebirges bestimmen das Bild des Landes von der Akámas-Halbinsel im äußersten Südwesten bis zu den flachen Tafelbergen im Südosten, deren markantester das ❸ **Kap Gréco** ist.

Für Geologen stellt dieses Gebirge eine absolute Rarität dar, da sie in ihm das Relikt eines Ozeans sehen, der bis vor etwa 60 Millionen Jahren Afrika von Eurasien trennte. Tektonische Verschiebungen von Erdplatten bewirkten, dass Teile dieser ozeanischen Meereskruste vor etwa 25 Millionen Jahren herausgehoben und damit zum Gebirge wurden. Das Kyrinia-Gebirge im Norden Zyperns erfuhr Gleiches vor etwa 15 Millionen Jahren, und die Mesaória-Ebene, die beide Gebirgszüge trennt, hob sich erst in den letzten zwei Millionen Jahren aus dem Meer.

Die Phantasie des geologischen Laien wird durch solche Szenarien allerdings vor eine kaum zu meisternde Herausforderung gestellt. Er sieht teilweise dicht bewaldete Bergmassive, die nicht die geringste Ähnlichkeit mit Unterwasserwelten aufweisen. Sehr langsam wachsende Kiefern sind es vor allem, die die Hänge bedecken, seltener Steineichen.

Schon im Altertum hat man sich dieses natürlichen Reichtums großzügig bedient, sodass im Laufe der Jahrhunderte Bodenerosion einsetzte und der Grundwasserspiegel sank. Diesen Erscheinungen wird heute durch Aufforstungsprogramme, den intensiven Schutz der verbleibenden 175 000 ha Wald und den Bau von Staudämmen entgegengewirkt. Über 90 solcher künstlichen Seen mit einer Speicherkapazität von 300 Milliarden Kubikmetern dienen (zusammen mit einigen Meerwasserentsalzungsanlagen) dazu, die Wasserversorgung der Insel aufrechtzuerhalten. Der Besucher erlebt sie vor allem als Bereicherung des Landschaftsbildes.

Die Bergwelt des Tróodos bietet dem Naturfreund und Wanderer auf den zehn vom CTO in Zusammenarbeit mit der Forstbehörde angelegten und ausgeschilderten Wanderwegen mit einer Gesamtlänge von 50 km die Möglichkeit, den Zauber einer 770 Pflanzenarten umfassenden Flora zu genießen und seltene geologische Einblicke in die urzeitliche »Unterwasserwelt« zu tun.

Meist recht ursprünglich: Dörfer im Tróodos

Dem Sportler stellen sich Herausforderungen vom Klettern über das Mountainbiking bis hin zum Skilauf. Dem kulturell Interessierten offeriert sich der Schatz der großen Klöster und kleinen Kirchen und die Begegnung mit dem Charme traditioneller zyprischer Dorfkultur.

Die Auflistung aller vorhandenen Schätze sprengte jedoch den Rahmen dieses Reiseführers, weshalb im Folgenden nur einige der herausragenden Orte und Sehenswürdigkeiten aufgeführt werden.

Beginnen wir im Zentrum, in **Tróodos**, das mit 1725 m Zyperns höchstgelegene Siedlung und Ausgangspunkt einiger Wanderwege ist. Dies ist kein gewachsenes Dorf, sondern ein touristisches »Basiscamp« für Unternehmungen im Bereich des **Olymp**, des mit 1951 m höchsten Berges (mit zwei Gipfeln). Besteigen kann man sie nicht, da sie zum militärischen Sperrgebiet gehören. Aber man kann mit dem Auto (!) recht weit hinauffahren und dabei auch einen Blick auf die Skilifte werfen.

Der bedeutendste Touristenort der Region, **Páno Plátres**, liegt nur wenige Kilometer südlich auf immerhin 1200 m Höhe. Hier steht eine ganze Reihe von Hotels und Privatunterkünften zur Verfügung, die auch für einen längeren Aufenthalt bestens gerüstet sind. Hinzu kommt ein breites Angebot von Tavernen und Souvenirshops. Der Ort weist durchaus Ähnlichkeiten mit alpinen Luftkurorten auf. Ein besonders

Ski-Heil am Hang des Olymps

schöner, nur 3 km langer Wanderweg führt hier entlang dem Flüsschen Kyros Potamos zu den Caledonia-Wasserfällen.

Von Plátres aus ist es nicht weit zu zwei weiteren Ortschaften, die als besonders sehenswert gelten: Ómodos und Foiní. **Foiní** liegt etwa 4 km entfernt und war einst als Zentrum des Töpferhandwerks berühmt. Davon ist allerdings nicht viel geblieben. Nur eine ältere Frau betreibt noch (allerdings in dritter oder vierter Generation, wie Fotos in der Werkstatt ausweisen) eine kleine Töpferei. Doch das stille Dorf mit seinem geruhsamen Leben ist auch so einen Besuch wert.

Der Ort **Ómodos** zeigt sich dagegen sehr viel touristischer. Nicht nur das mitten im Dorf liegende, 327 gegründete **Kloster Stavrós** (Heiligkreuz) wurde aufwändig restauriert, sondern das gesamte Zentrum zu einer Art Freilichtmuseum dörflichen Lebens umgestaltet. Überall an Straßen und Plätzen laden Souvenir- und Kunsthandwerkerläden zum Kauf ein, was den ursprünglichen Charme des Ortes etwas verblassen lässt. Ein kleines Museum im Klostergebäude und eine restaurierte Weinpresse (Linós-Haus) können besichtigt werden. Letztere erinnert ebenso wie die ausgedehnten Plantagen im Umland daran, dass Ómodos ein altes Weindorf ist.

Berauschend wirkt das (rund 15 km nordöstlich von Tróodos gelegene) Doppeldorf ⑩ **Galáta-Kakopetriá** auch ohne den Einfluss von Rebensaft. Die Bergbäche der Gegend laufen rund um das Dorf zusammen, um sich am Grund des Tales mit dem Flüsschen Karkotis zu vereinen. Dabei erfüllen sie unablässig alle Winkel und Gassen mit ihrem geschäftigen Plätschern – und ihrer Frische.

Frischen Wind brachten die Bewohner auch in den ältesten, vom Verfall bedrohten Ortsteil: Straßen wurden im alten Stil neu gepflastert, die traditionellen zweistöckigen Häuser mit ihren die ganze Fassade einnehmenden Holzbalkonen liebevoll restauriert, und durch die Einrichtung einiger Tavernen, vereinzelter hübscher Läden und eines Hotels, das sich am ehesten mit »exquisitem Landgasthof« beschreiben lässt, wurde den alten Gässchen wieder neues Leben eingehaucht. Wobei der spezielle Reiz darin besteht, dass das Alltagsleben der Einheimischen seinen normalen Gang nimmt, ohne dass die Gäste, ob aus dem nahen Lefkosía oder vom fernen Kontinent kommend, es nachhaltig beeinflussen würden.

Nur am tiefsten Punkt des Dorfes, dem Dorfplatz, wird's manchmal an den Wochenenden eng, wenn hier Zyprioten und Touristen gleichermaßen zu den großen Tavernen strömen, um, untermalt vom Plätschern des Wassers, ihre aus einer schier endlosen Speisenabfolge bestehende *Meze* einzunehmen.

Im direkten Umfeld des Doppeldorfes Galáta-Kakopetriá findet man auch einige kirchliche Kleinodien. Zwei dieser äußerlich ganz unscheinbaren, kleinen Scheunendachkirchen, die im Innern aber die typische Pracht byzantinischer Sakralbauten entfalten, liegen am nördlichen Dorfausgang: Die **Panagía Podithou** und die **Panagía Theotókos**, die dem Erzengel Michael geweiht ist.

Beide Kirchen stammen aus dem beginnenden 16. Jh. und zeigen, da zur Zeit der venezianischen Herrschaft ausgemalt, deutlich westliche Einflüsse. Die oft befremdliche Starrheit byzantinischer Ikonographie erscheint hier vor allem in der kleineren und fast 20 Jahre später erbauten Theotókos-Kirche durch eine liebevoll-menschliche Betrachtungs- und Darstellungsweise abgelöst.

Westlich des Ortes (Richtung Pedoulás) liegt die Klosterkirche **Ágios Nikoláos tis Stégis**, eine der neun byzantinischen Kirchen der Region, die von der UNESCO zum Weltkulturerbe erklärt wurden. Schon der Kirchenname, »Sankt Nikolaus vom Dach«, weist darauf hin, dass es sich auch hier um eine Scheunendachkirche handelt. Die Innenwände des Kirchenraums sind vollständig von Fresken aus dem 11.–17. Jh. bedeckt.

Eine weitere, etwa 17 km nordöstlich von Kakopetriá liegende Kirche muss hier ebenfalls Erwähnung finden: Die geradezu winzige, aber dennoch zu den bedeutendsten Kirchen zählende Marienkapelle **Panagía Forviótissa von Asinoú**. Der Bau dieses auf einer Wiese außerhalb des Dorfes stehenden Kirchleins wurde laut einer Inschrift 1105 oder 1106 mit der Weihe abgeschlossen. Unter den Wandbildern, die das gesamte Innere ausschmücken, gelten die ältesten, aus der ersten Hälfte des 12. Jh. stammenden als Schöpfungen eines byzantinisch-höfisch inspirierten Malers, während die Malereien des 14. Jh. eine rustikalere Gestaltungsweise verraten.

Zentrum kirchlicher Macht: das Kloster Kýkko

Auf keinen Fall sollte man eine Besichtigung des **Klosters Kýkko** versäumen. Es ist weniger der kunsthistorische oder ästhetische Wert der Gebäude, der den Besuch zu einem Muss macht, als die machtpolitische Stellung des Klosters, die sich auch dem nicht vorbelasteten Besucher mitteilt. Kloster und Kirche wurden in der heutigen Form erst im 19. Jh. auf den durch Brand zerstörten Grundmauern von Klosteranlagen, die bis ins 11. Jh. zurückreichten, errichtet. Der besondere Ruf des Klosters lag und liegt im Besitz einer Marien-Ikone begründet, die keinem Geringerem als dem (ansonsten als Maler nicht bekannten) Evangelisten Lukas zugeschrieben wurde. Der Erzengel Gabriel soll ihm sogar das Holz für die Ikone zur Verfügung gestellt haben.

Auf solchem Glauben ließ sich über die Jahrhunderte einiges aufbauen – vor allem Reichtum. Ein Abglanz davon zeigt sich in den Räumen des prunkvollen **Museums**, in dem neben kostbaren liturgischen Gegenständen auch antike Fundstücke und Handschriften ausgestellt werden. Vom feinen Stilempfinden des Museums ist bei den in jüngerer Zeit entstandenen Mosaiken in den klösterlichen Wandelgängen wenig zu spüren. Mit viel Gold und wenig Können wurden hier biblische Szenen so zur Darstellung gebracht, dass sie weder als gelungene Nachahmungen alter Vorbilder durchgehen können noch einen eigenen zeitgenössischen Ausdruck finden.

Die Pilgerherbergen und das klostereigene größte Restaurant der Insel mag man getrost unbeachtet lassen, auf keinen Fall aber darf man den zwei Kilometer langen Aufstieg auf den Hügel **Throni** auslassen. Neben einer Kapelle, in der seit Jahrhunderten eine Replik der erwähnten Marien-Ikone von Pilgern verehrt und vorrangig um Regen angefleht wurde, erhebt sich nun das **Grabmal des Erzbischofs** und ersten Präsidenten Zyperns, Makarios III. Ort und Grabinschrift wurden von ihm selbst vor seinem Tod festgelegt: Auf den höchsten Höhen des Landes und mit dem Versprechen, immer bei seinen (griechischen) Zyprioten zu sein.

Tourist Information
Páno Plátres, am Dorfplatz
CY-4820 Plátres
✆ 25 42 13 16, platresinfooffice@visitcyprus.com

Psiló Déndro
Páno Plátres, Aedonion 13, Plátres
✆ 25 81 31 31, April–Nov. 9–17 Uhr
Am Wald gelegenes Lokal mit Forellenzucht. €

Olympus Weinkellerei
Am Ortseingang von Ómodos
Besichtigung und Weinprobe Mo–Fr 10–16 Uhr

Weinlese – Vorgeschmack auf dionysische Tröpfchen

Katoi
Ómodos
Mo–Sa 11–16, Mo, Di, Do–Sa auch 19–23 Uhr
Urige Kellertaverne im historischen Ortskern. €

 Panagía Podithou und Panagía Theotókos
Kakopetriá
Eintritt frei, Trinkgeld willkommen
Nach dem Schlüssel kann man im Kaffeehaus am Dorfplatz fragen oder man wendet sich direkt an Andreas Achilleos, ✆ 99 90 89 16.

 Ágios Nikoláos tis Stégis
Kakopetriá
Di–Sa 9–16, So 11–16 Uhr
Eintritt frei, Trinkgeld willkommen

 The Old Watermill
Kakopetriá
Originelles Ambiente, gute internationale Küche, Spezialität sind Forellen. €

 Linos Inn Taverne
Kakopetriá
✆ 22 92 31 61, www.linos-inn.com.cy
Das *Meze* zieht an den Wochenenden auch viele Zyprioten an. €

 Panagía Forviótissa von Asinoú
Mai–Aug. 9.30–17, Sept./Okt. bis 16.30, Nov.–April bis 16 Uhr
Eintritt frei, Spende wird erwartet

 Kloster Kýkko
20 km westl. von Pedoulás, ✆ 22 94 27 36
Kloster und Museum Juni–Okt. tägl. 10–18, Nov.–Mai bis 16 Uhr, Eintritt Museum € 5

Tóchni, Kalavasós, Páno Léfkara, Choirokoitia und das Kloster Stavrovoúni

Wer auf Strandleben nicht gänzlich verzichten will, gleichzeitig aber auch bergige Landschaftsszenerien und traditionelles dörfliches Ambiente genießen möchte, dem können die Dörfer Tóchni und Kalavasós als Standort empfohlen werden. Sie liegen etwa auf halber Strecke zwischen Lárnaca und Lemesós an den Südhängen des Tróodos und nur etwa 5 km vom nächsten Strand, Govenor's Beach, entfernt. Zudem sind die dort zur Verfügung stehenden Unterkünfte eine Klasse für sich: Die alten Dorfhäuser wurden restauriert und zu ansprechenden Apartments mit allem modernen Komfort ausgebaut. Das schöne Umfeld sowie die Freundlichkeit und Offenheit der Bewohner lassen schon nach einem Aufenthalt von wenigen Tagen das Gefühl entstehen, in der Fremde zu Hause zu sein.

Der Dorfname **Tóchni** leitet sich wahrscheinlich vom Wort »Techni« ab, womit die Kunst der Steinbearbeitung gemeint sein dürfte. Als Steinmetze waren die Dorfbewohner von alters her berühmt, eine Tradition, die in der Gestaltung der Häuser und der schönen alten Dorfkirche ihren Nachklang findet.

In einem parallelen Bergtal in nur 3 km Entfernung liegt **Kalavasós**, ein Ort mit reicher Geschichte und lebendiger Gegenwart. Nur wenige Meter von der Dorfkirche im Zentrum entfernt ragt das Minarett einer Moschee in den Himmel, die seit der Umsiedlung der türkischen Zyprioten des Ortes im Zuge der Teilung verwaist ist. Gerne betonen die Bewohner, dass Kirche und Moschee vom selben Architekten erbaut wurden, ein Indiz für das reibungslose Zusammenleben der Volksgruppen in früheren Jahren.

An den Ufern des Flusses Vasilikós, der Lebensader des Tales, haben nachweislich bereits in neolithischer Vorzeit (ab ca. 7500 v. Chr.) Menschen gesiedelt. Fundamente runder Stein-Lehmbauten, nur einen Fußmarsch vom Dorf entfernt, belegen dies eindrucksvoll. Der Name der Ausgrabungsstätte, **Tenta**, bezieht sich angeblich auf die Tatsache, dass die Kaiserinmutter Helena bei ihrem Zypernbesuch im 4. Jh. an diesem Ort ihre Zelte aufschlagen ließ. Ein riesi-

Frühlingspracht: Mandelblüte

ges Zelt überspannt auch heute, weithin sichtbar, das Areal – zum Schutz der alten Lehmfundamente vor Witterungseinflüssen.

Umstritten ist unter Archäologen, von welcher Zeit an die Kupfervorkommen im Bereich des Vasilikós genutzt wurden. Ganz sicher war indes von der Römerzeit bis weit ins 20. Jh. eine **Kupfermine** nördlich von Kalavasós in Betrieb, deren Stolleneingang und Abraumhalden noch besichtigt werden können. Etwas weiter im Norden befindet sich in herrlich abgeschiedener Berglandschaft auch ein großer **Stausee**, in dem das Wasser des Vasilikós gespeichert wird.

Der Badestrand, der beiden Ortschaften am nächsten liegt, **Governor's Beach**, verdankt seinen Namen der Vorliebe eines britischen Gouverneurs. Der Staatsbeamte zeigte Geschmack: Sandstrände, weiße, glatte Felsplatten und durch Klippen abgetrennte Badebuchten bieten ideale Voraussetzungen für Strandvergnügen.

Das benachbarte **Zýgi** hat zwar keine Strände, aber eine Fülle guter Fischrestaurants, die auch von Zyprioten hoch geschätzt werden. Man sitzt teilweise direkt am Meer und sucht sich die Fische, die man zubereitet haben möchte, selbst in der Küche aus.

Nicht weit ist auch der Weg zu einigen höchst interessanten Sehenswürdigkeiten. In nur wenigen Minuten erreicht man eine weitere in der UNESCO-Liste des Weltkulturerbes verzeichnete archäologische Grabungsstätte: **Choirokoitia**. Auch hier handelt es sich um Reste frühester Siedlungsspuren, an denen sich die Entwicklung der Jungsteinzeitkultur ablesen

Zentrum der Stickkunst: Léfkara

lässt. Für den Besucher vermitteln die nach neolithischem Modell und mit Materialien und Methoden der Steinzeit rekonstruierten Häuser lebendige Anschaulichkeit. Es wurde sogar darauf geachtet, die Stätte mit damals heimischen Pflanzen zu bestücken.

Von hier aus führt der Weg Richtung Norden durch zauberhaft stille Berglandschaft, vorbei am Frauenkloster **Ágios Minás**, ins Dorf der Stickerinnen, **Páno Léfkara**. Das heißt: Nicht nur hier, sondern auch anderen Orts in den Bergen beherrschen die Frauen die Kunst der Hohlsaumstickerei. Aber Léfkara ist seit Jahrhunderten Haupthandelsplatz und ausgewiesenes Zentrum dieser Kunst. Leonardo da Vinci soll hier eine Altardecke für den Mailänder Dom geordert haben, daher trägt ein bestimmtes Muster heute noch seinen Namen. Außerdem werden in Léfkara traditionell auch Silberfiligranarbeiten gefertigt, bei deren Herstellung man in einigen Werkstätten zusehen kann.

Ein für Zypern einzigartiges Museum ist das **Fatsá Wax Museum**. In diesem modernen Wachsfigurenkabinett werden viele Stationen der zypriotischen Geschichte bis zum heutigen Tag dargestellt.

Keine 20 Kilometer weiter östlich, jenseits der Autobahn nach Lefkosía, klebt wie ein Adlerhorst auf einem 700 m hohen Berg Zyperns ältestes Kloster: **Stavrovoúni**. Schon den Menschen der Antike war der Ort heilig. Sie verehrten hier (wahrscheinlich) Aphrodite in einem Tempel. Als die heilige Helena bei der Rückkehr von ihrer Pilgerfahrt ins Heilige Land mit den dort aufgefundenen Reliquien des Kreuzes Christi auf Zypern Station machte, übergab sie eine der Reliquien den zyprischen Gläubigen, was zur Klostergründung

im Jahre 327 führte. Das heutige Gebäude entstand nach einem Brand 1888. Besuchen dürfen es nur Männer – weibliche Wesen müssen sich mit dem herrlichen Rundblick über die Hügelkette der Tróodos-Ausläufer begnügen.

Kalavasós-Tenta
April–Okt. Mo–Fr 9.30–17, Nov.–März 9–16 Uhr, Sa/So geschl., Eintritt € 1,70, nicht für Rollstuhlfahrer geeignet
Ausgrabungsstätte einer neolithischen Siedlung

Romios Tavern
Kalavasós, direkt am Dorfplatz
Gute ländliche Hausmannskost. €

Stavros Tenta Restaurant
Kalavasós
☎ 24 33 22 44
Dem bescheiden wirkenden Restaurant an der Durchgangsstraße zum Staudamm sieht man die hohe Qualität der Küche nicht an. €

Taverna Marcos
Zýgi
☎ 24 33 34 04
Gutes teures Fischrestaurant direkt am Meer. €

Vocolída
Zýgi
Ältere Taverne, deren Inhaber noch selbst Fischer ist. €

Neolithische Siedlung Choirokoitia
Juni–Aug. tägl. 8–19.30, Sept.–Mai bis 17 Uhr
Eintritt € 1,70

Fatsá Wax Museum
100 m von der Ausfahrt Skarinou-Lefkara
℡ 24 62 10 48
fatsa@logos.cy.net
April–Sept. 9–18.30, sonst 9–17.30 Uhr
Eintritt € 5/3,50/3 (Gruppen)

Lefkaráma
Páno Léfkara, nahe der Kirche
Gemütliche Taverne im gleichnamigen kleinen Hotel, in die auch Zyprioten gern zum Essen gehen.

Léfkara Handicraft Centre
Páno Léfkara
Außerhalb des Ortes, kurz vor der Gabelung der beiden Ortszufahrtsstraßen
℡ 24 34 24 12
Hier wird man nicht nur freundlich bedient, man bekommt auch wirklich erstklassige Ware und (bei Interesse) auch ausführliche Informationen zu Sticktechnik etc.

Stavrovoúni-Kloster
April–Aug. tägl. 8–18, Sept.–März 8–12 und 14–17 Uhr
Frauen haben keinen Zutritt, fotografieren und filmen verboten. ◾

Seit **1974** ist Zypern geteilt. Während die auf den Südteil beschränkte **Republik Zypern** als politische Alleinvertretung der Insel völkerrechtlich anerkannt ist, fehlt der **Türkischen Republik Nord-Zypern** bislang jegliche internationale Anerkennung.

Gesamtfläche: insgesamt 9251 km², Südteil 5384 km², Nordteil 3355 km². Den Rest bilden britische Militärbasen und Pufferzonen im Grenzgebiet.

Ausdehnung: 230 km in der Länge, 95 km in der Breite

Küstenlänge: 671 km

Höchste Erhebung: Olympos (im Tróodos) 1952 m

Entfernungen zum Festland: Türkei 68 km, Syrien 95 km, Griechenland 830 km

Einwohnerzahl: insgesamt ca. 1,06 Mio., davon leben ca. 767 000 im Süden und ca. 257 000 im Norden. Die restlichen sind Angehörige des britischen Militärs und der UN-Friedenstruppen UNFICYP.

Zusammensetzung der Bevölkerung: 72 % griechische Zyprioten, 28 % türkische Zyprioten.

Sprache: 80 % sprechen Griechisch, 20 % Türkisch, ein großer Teil der Bevölkerung spricht zudem Englisch.

Religion: 77 % sind orthodoxe Christen, 21 % Muslime (davon 99 % Sunniten), 2 % sind Katholiken.

Die größten Städte: Lefkosia/Nikosia: ca. 313 000, Lemesos: ca. 228 000, Larnaka: ca. 72 400, Pafos: ca. 47 000, Keryneia: ca. 42 500, Ammochostos (Famagusta): ca.39 000 Einwohner

Staatsform: Die Republik Zypern ist eine parlamentarische Demokratie. Der Präsident, gleichzeitig Staatsoberhaupt und Regierungschef, wird alle fünf Jahre in einer Direktwahl gewählt. Das Parlament (House of Representatives) verfügt über Sitze für 80 Mandatsträger, 56 für griechische und 24 für türkische Zyprioten. Die Letzteren bleiben bis zu einer möglichen Vereinigung der Inselteile vakant. Die »Türkische Republik Nordzypern« ist eine Präsidialrepublik, der ein für fünf Jahre gewählter Präsident vorsteht. Das Parlament hat 50 Sitze.

Nonstop-Flüge aus anderen Ländern als aus der Türkei führen nur in den Südteil Zyperns. Die direkte Einreise aus der Türkei auf dem Luft- oder Seeweg nach Nordzypern wird von der Regierung Südzyperns als illegal betrachtet, kann jedoch kaum überprüft werden. Wer die Insel über einen Hafen oder Flughafen Südzyperns betreten hat, kann anschließend frei auf der gesamten Insel herumreisen und auch in Nordzypern übernachten.

Für den Übertritt über die von den Südzyprioten nur als »Demarkationslinie« betrachtete »Grenze« stehen zur Zeit sieben Übergänge zur Verfügung: drei in **Nicosía** (an der Ledra Street und beim alten Ledra Palace Hotel zu Fuß, bei Agíos Dometios zu Fuß und mit Kfz), einer westlich von Lefkosia bei **Astomerítis** (für Kfz), zwei südöstlich der Inselhauptstadt in **Pergamos** bei Pyla und in **Strovilia** bei Agíos Nikoláos (beide zu Fuß und mit Kfz) sowie der zuletzt eröffnete im Nordwesten der Insel bei **Limni-tis/Káto Pyrgos** (für Kfz). Sie sind rund um die Uhr geöffnet.

Für den Grenzübertritt genügt für EU-Bürger, ebenso wie für die Einreise nach Zypern überhaupt, der Personalausweis. Kinder bis 12 Jahre benötigen einen Kinderreisepass mit Lichtbild. Die früheren Kinderausweise gelten bis zum Ablauf ihrer Gültigkeit, werden jedoch nicht mehr ausgestellt oder verlängert.

Mit dem Flugzeug
Cyprus Airways und deren Tochterunternehmen Eurocypria verbinden die Flughäfen von Lárnaca und Páfos ebenso wie viele Linien- und Charterfluggesellschaften aus den deutschsprachigen Ländern nonstop und ganzjährig mit vielen Flughäfen in Deutschland, Österreich und der Schweiz.

Die Flugzeit von Frankfurt/Main nach Lárnaca oder Páfos beträgt ca. 3 1/2 Stunden, wobei die Route über den Balkan, die Ägäis und entlang der türkischen Küste führt. Dabei bieten sich bei klarer Sicht teilweise umwerfende Ausblicke.

Die wichtigsten Fluglinien unterhalten auf Zypern folgende Niederlassungen:

Cyprus Airways
Alkeou Street 21, P.O. Box 21903, CY-1514 Lefkosía
✆ 003 57-22 66 30 54; Ticket-Office ✆ 22 75 19 96
Deutsche Lufthansa: ✆ 003 57-22 87 33 30
Austrian Airlines: ✆ 003 57-22 88 12 22

Mit dem Schiff
Es gibt zur Zeit keine Fährverbindungen für Passagiere und deren Pkw von Europa nach Zypern. Fährverbindungen bestehen hingegen von Lárnaca aus nach Syrien und in den Libanon.

Ankunft in Zypern
Die beiden Flughäfen von Lárnaca und Páfos sind rund um die Uhr in Betrieb. An beiden Flughäfen sind zu allen Ankünften Auskunftschalter der Fremdenverkehrszentrale (CTO) besetzt. Am besten holt man sich hier gleich Stadtpläne, Veranstaltungskalender und Spezialprospekte. Sie geben auch aktuelle Auskünfte über die Weiterreisemöglichkeiten von den Flughäfen nach Lárnaca und Páfos oder in andere Regionen Südzyperns. Außerdem gibt es an beiden Flughäfen rund um die Uhr die Möglichkeit, Geld zu wechseln oder Euro mit Maestro- oder Kreditkarte aus einem Bargeldautomaten zu ziehen.

Wer seine Urlaubsreise über einen Reiseveranstalter gebucht hat, braucht sich um den Transfer ins Hotel nicht zu kümmern. Für alle anderen Passagiere stehen vor den Terminals immer Taxis in ausreichender Zahl zur Verfügung, Mietwagenfirmen haben ihre Schalter in den Ankunftshallen. Vom Flughafen Páfos, der 15 km südöstlich der Stadt liegt, besteht täglich eine Linienbusverbindung zu den Strandhotels von Páfos und ins Stadtzentrum. Der Fahrpan wird den Ankunftszeiten der Flugzeuge angepasst (Info unter © 80 00 55 88). Vom 5 km westlich von Lárnaca gelegenen Flughafen fahren werktags tagsüber gelegentlich Linienbusse ins Stadtzentrum sowie nach Nicosía, Limassol und Ayía Nápa; Busfahrpläne hängen im Ankunftsbereich aus.

Will man bei Ankunft in Südzypern sofort nach Nordzypern weiterreisen, fliegt man besser nach Lárnaca und nicht nach Páfos. Dort findet man meist südzypriotische Taxifahrer, die auch Fahrten in den Norden übernehmen. Ansonsten kann man auch ein südzypriotisches Taxi bis zum Übergang am alten Ledra Palace Hotel in Nicosia nehmen, zu Fuß über die Grenze gehen und auf der anderen Seite in ein nordzypriotisches Taxi steigen – einen Preisvorteil bietet das aber kaum.

Bequemer und auch preiswerter dürfte es sein, vorher im Internet zu recherchieren, welche nordzypriotischen Taxiunternehmen vorbestellte Fahrten von Lárnaca in den Norden der Insel anbieten (z. B. Lárnaca – Kyrinia für ca. € 60). Im Süden ein Auto zum Gebrauch im Norden zu übernehmen ist unverhältnismäßig teuer.

Wichtig nicht nur für die Einreise: Die Einfuhr sowie der Besitz und Gebrauch von **Drogen aller Art** (auch Haschisch) ist auf Zypern streng verboten und wird mit harten Gefängnistrafen geahndet.

Auskunft

Fremdenverkehrsämter:

Individuelle Auskünfte, aktuelles Hotelverzeichnis mit Preisliste, Informationsbroschüren und (überarbeitungsbedürftige) Straßenkarten der verschiedenen Städte und Urlaubsregionen erhält man bei den Fremdenverkehrszentralen des CTO (Cyprus Tourism Organisation):

Fremdenverkehrszentrale Deutschland
– Zeil 127, D-60313 Frankfurt am Main
© (069) 25 19 19
info@cto-fr.de
– Wallstr. 27, D-10279 Berlin
© (030) 23 45 75 90
cto_berlin@t-online.de

Fremdenverkehrszentrale Schweiz
Gottfried Keller Str. 7, CH-8001 Zürich
✆ (044) 262 33 03
ctozurich@bluewin.ch

Fremdenverkehrszentrale Österreich
Parkring 20, A-1010 Wien
✆ (01) 513 18 70
office@zyperntourismus.at

Die Adressen und Telefonnummern der **Tourist Informationen** in Lefkosía, Lemesós, Lárnaca, Páfos, Pólis, Ayía Nápa und Páno Plátres finden Sie bei den Service-Angaben zu den einzelnen Orten. Die CTO-Zentrale auf Zypern befindet sich in Lefkosía:

Cyprus Tourism Organisation
Leof. Lemesou 19, CY-1390 Lefkosía
✆ 003 57-22 69 11 00
cytour@visitcyprus.com
www.visitcyprus.org.cy (gute Website und ausführlich, auch auf deutsch)

Automiete, Autofahren

Der Mieter eines Pkw muss mindestens 21 Jahre alt sein und einen mindestens drei Jahre alten Führerschein vorlegen. Ein Internationaler Führerschein ist nicht erforderlich. Die Kosten für einen Leihwagen der Kategorie C (1001–1300 ccm) betragen z. B. im Sommer € 30–40 pro Tag, wobei die gängigen Versicherungen eingeschlossen sind. Eine Kilometerbegrenzung besteht nicht. Das gilt auch für Motorräder, für die zwischen € 10 und 35 pro Tag bezahlt werden müssen. Alle Fahrzeuge werden immer vollgetankt übergeben und der Preis für die Tankfüllung wird direkt in Rechnung gestellt. Man geht davon aus, dass das Fahrzeug leer zurückgebracht wird. Da es kaum gelingt, mit den letzten Tropfen im Tank zum Flughafen zurückzukommen, ist diese Regelung ein Ärgernis. Die Kosten für das Fahrzeug werden meist direkt bei der Übergabe per Kreditkarte eingezogen.

Das **Tankstellennetz** auf Zypern ist dicht. Tankstellen, die nachts und So geschlossen sind, verfügen meist über automatische Zapfsäulen, die Geldscheine oder Kreditkarten akzeptieren. Der Benzinpreis liegt geringfügig unter dem Preis in Deutschland.

Das zyprische **Straßennetz** ist bis auf wenige Bergstrecken im Tróodos und auf der Akámas-Halbinsel ausgezeichnet und wird weiter ausgebaut. Zwischen den großen Städten gibt es von Ayía Nápa bis Páfos und von der Küste bis Lefkosía vierspurige Autobahnen mit gemäßigtem Verkehrsaufkommen. Die Benutzung der Autobahnen ist gebührenfrei.

Als Hinterlassenschaft der britischen Kolonialzeit herrscht auf Zypern **Linksverkehr**. Die zugelassene **Höchstgeschwindigkeit** beträgt (soweit nicht anders ausgeschildert) in Ortschaften 50 km/h, auf Landstraßen 80 km/h und auf Autobahnen 100 km/h. In den sehr beliebten *Roundabouts* hat der Verkehrsteilnehmer im **Kreisverkehr** grundsätzlich Vorfahrt. Auf Zypern besteht **Anschnallpflicht**.

Kinder unter 5 Jahren dürfen auf keinen Fall auf die Vordersitze, Kinder unter 10 nur, wenn spezielle Kindergurte vorhanden sind. Die **Promillegrenze** liegt bei 0,9. **Rauchen** und der Gebrauch von **Handys** sind dem Fahrer grundsätzlich untersagt. Zuwiderhandlungen können massiv bestraft werden.

Zyprioten gehen mit Regelungen gelassen um und ignorieren Bestimmungen, deren Sinn für den Augenblick nicht erkennbar ist, schlichtweg. So wird man kaum jemanden an einer roten Ampel halten sehen, wenn absolut sicher ist, dass keine anderen Verkehrsteilnehmer die Straße kreuzen. Solche Gelassenheit erleichtert auch dem nicht mit dem Linksverkehr Vertrauten die Eingewöhnung: Zyprioten reagieren selten ungeduldig auf Fehler anderer und pflegen einen aggressionsfreien Fahrstil.

Diplomatische Vertretungen

Deutsche Botschaft
Nikitaras Street 10, CY-1080 Lefkosía
℮ 003 57-22 45 11 45

Österreichische Botschaft
Dim. Sevéri Avenue 34, Neustadt
CY-1080 Lefkósia
℮ 003 57-22 41 01 51
www.nikosia.diplo.de

Schweizer Botschaft
Th. Dervi Street 46, Medcon Building
CY-1066 Lefkosía
℮ 003 57-22 46 68 00

Einkaufen

Schäppchenjäger haben auf Zypern nur geringe Chancen. Das Preisniveau ist allgemein hoch (dem deutschen vergleichbar), und handeln kann man allenfalls auf Märkten und in Antiquitätenläden. Preisgünstiger als zu Hause lassen sich jedoch **Obst und Gemüse** sowie einheimische **Weine** in Supermärkten

Südfrüchte gehören zu den Insel-Schätzen

und auf Märkten erstehen. Ganz allgemein besteht zwischen Städten bzw. touristischen Zentren und ländlichen Gebieten ein spürbares Preisgefälle. Markthallen mit einem teilweise breiten Angebot nicht nur landwirtschaftlicher Produkte gibt es in Lefkosía, Lárnaca, Lemesós und Páfos.

Souvenirs, die nicht unter die Kategorie »Kitsch« fallen, hochwertige **kunsthandwerkliche Produkte** mithin, haben ihren Preis. Der ist oft hoch, aber auch angemessen – wie bei den berühmten Léfkara-Spitzen, deren Herstellung nicht nur zeitaufwändig ist, sondern auch hohe Kunstfertigkeit erfordert. Davon kann man sich leicht überzeugen, wenn man einer der Stickerinnen eine Weile zusieht. Vorsicht! Billigangebote stammen meist aus fernöstlicher Serienproduktion.

Auch die traditionellen Webarbeiten, Korb-, Töpfer- und Lederwaren sowie Gold- und Silberschmuck sind kaum zu Niedrigpreisen erhältlich. Wer ganz sicher gehen will, dass er qualitativ hochwertige und nicht überteuerte Ware erhält, sollte die staatlich kontrollierten Läden des **Cyprus Handicraft Service** aufsuchen. Die entsprechenden Adressen finden sich unter den ortsbezogenen Serviceangaben.

Auch **maßgeschneiderte Kleidung und Schuhe** werden in allen großen Städten angeboten. Meist dauert die Herstellung nur wenige Tage. Auch hier gibt es keine Schnäppchen, aber die Preise sind akzeptabel.

Die **Geschäftszeiten** werden oft recht flexibel gehandhabt. So sind viele Läden in den Touristenzentren während der Hauptreisezeiten bis 22 Uhr geöffnet. Ansonsten gelten folgende Öffnungszeiten: im Sommer (April–Okt.) 8–20.30, im Winter (Nov.–März) 8–19.30 Uhr, Mi und Sa sind fast alle Geschäfte ab 14 Uhr geschlossen. Häufig wird auch eine Mittagspause zwischen 14 und 17 Uhr eingehalten.

Essen und Trinken

Es gibt keine entsprechende Statistik, aber Insider behaupten, die Zyprioten würden den größten Teil ihres Einkommens in Essen umsetzen. Mindestens einmal pro Woche, so kann man hören, wird in zyprischen Familien gegessen, als gelte es, ein großes Fest zu feiern. Typisch ist in diesem Zusammenhang das *Meze* (manchmal auch *Mesé* geschrieben). Dabei handelt es sich um eine Speisenfolge, die bis zu 30 kleine Gerichte umfassen kann. Unterschieden wird zwischen Fleisch- und Fisch-Meze, je nachdem, was Hauptbestandteil der Speisen ist.

Zum Meze gehören auf alle Fälle ein Salat, einige der typischen delikaten Soßen (*houmous*, ein Kichererbsenpüree mit Olivenöl und Knoblauch, *talatoúri*, dem griechischen Tzaziki ähnlich, und *táramosaláta*, ein rötliches Fischrogenpüree), kleine Leckereien, wie gefüllte Weinblätter *(dolmádes)*, gefüllte Zucchiniblüten *(kolokithákja jemistá)* oder gebackener Schafskäse *(halloúmi),* der, eine absolute zyprische Spezialität, oft schon beim Frühstück serviert wird. Lamm-, Rind- oder Kaninchengerichte (alternativ Fischspezialitäten) kommen danach auf den Tisch, gefolgt von süßen Leckereien und Obst. Am liebsten schlemmt man in großer Runde, aber Restaurants servieren meist schon für zwei Personen ein Meze.

Das ist nur der Beginn einer traditionellen Meze

Tonbottiche dienen der Weinherstellung

Wem solche Fülle als eine nicht zu bewältigende Prasserei erscheint, der kann sich natürlich auch mit typischen Gerichten wie *soúvla* (gegrillte Fleischstücke von Ziege oder Schaf), *kléftiko* (gebackenes Ziegen- oder Hammelfleisch), gegrillten Lammkoteletts oder Fisch »begnügen« oder auf bekannte griechische Speisen wie *moúsaka* (Auberginen-Hackfleisch-Auflauf) oder *stifádo* (Gulasch vom Rind oder Kaninchen) zurückgreifen.

Selbstverständlich gibt es neben Restaurants und Tavernen, die traditionelle zyprische Küche anbieten, inzwischen nicht nur ein breites Angebot internationaler Restaurants (von chinesisch, indisch, libanesisch und russisch bis hin zu italienisch, französisch und mexikanisch), sondern in den großen Touristenzentren auch die Niederlassungen aller gängigen Fastfood-Ketten.

Da fällt mancherorts die Auswahl schwer – auch wenn es um Restaurantempfehlungen geht. Der Geschmäcker sind viele, weshalb man den eigenen Vorlieben am Urlaubsort in Ruhe nachspüren sollte. In diesem Führer wurden in erster Linie Empfehlungen für Restaurants und Tavernen mit zyprischer oder internationaler Küche ausgesprochen.

Was die alkoholischen Getränke angeht, so bedarf es beinah keiner Empfehlung: Der **Inselwein**, gleichgültig ob rot, weiß oder rosé, braucht einen internationalen Vergleich nicht zu scheuen. Nicht jedermanns Sache, aber eine besondere Spezialität ist auch heute noch der von den Kreuzfahrern eingeführte süße Dessertwein **Commandaria**. Zyprischer **Brandy** oder der hochprozentige Tresterschnaps **Tsivanía** vervollständigen die Palette der Produkte des Weinanbaus. Zu erwähnen sind noch **Filfar**, ein Likör aus Bitterorangen, und der weitgehend bekannte **Oúzo**, ein Anisschnaps. Als Nationalgetränk unter den Longdrinks kann **Brandy Sour**, eine Mischung aus Brandy, Lemon Squash und Sodawasser, gelten.

Das zyprische **KEO-Bier** erfreut sich auch bei mitteleuropäischen Urlaubern großer Beliebtheit, zumal es im Preis erheblich unter importierten Bieren liegt.

Was die nichtalkoholischen Getränke betrifft, so dürfte **Mineralwasser** aus dem Tróodos in der Hauptsache für den Ausgleich des Flüssigkeitshaushaltes während der heißen Sommermonate notwendig sein. **Frisch gepresste Fruchtsäfte** sucht man auf den meisten Frühstücksbüfetts leider vergeblich. Wenn man sie findet, müssen sie meist gesondert bezahlt werden, was in einem Land, in dem die Orangen tonnenweise reifen, befremdet. Anders ist die Situation in den Orten mit Agrotourismus (z.B. Tóchni und Kalavasós). Dort darf man das Obst zum Pressen oder Essen selber nach Bedarf pflücken.

Auch der in allen Hotels obligatorische **Instant-Kaffee** zum Frühstück dürfte kaum jedermanns Sache sein. Höchstens als Eiskaffee, *nesskaffé frappé*, lässt er sich wirklich genießen. Ganz anders der **zyprische Kaffee**, wie man ihn in jedem Dorfcafé serviert bekommt. Er ist türkischem Kaffee vergleichbar, das heißt mengenmäßig klein, aber dafür im Geschmack umso intensiver. Bei der Bestellung muss angegeben werden, wieviel Zucker mitgekocht werden soll: *skétto* = ohne, *métrio* (oder medium) = wenig, *glikó* = süß.

In den **Preisen der zyprischen Restaurants**, die alle regelmäßiger staatlicher Kontrolle unterliegen, sind zehn Prozent Serviceaufschlag und Mehrwertsteuer enthalten. Deshalb ist ein zusätzliches **Trinkgeld** nicht obligatorisch, drückt aber (etwa bei zehn Prozent des Rechnungsbetrages liegend) die besondere Zu-

Kaffeehäuser sind die dörflichen Kommunikationszentren

friedenheit des Gastes aus. Trinkgelder von € 0,50 und weniger werden oft als beleidigend aufgefasst.

Die Kategorisierung der unter den Vista Points genannten Restaurants geht von einer Mahlzeit für eine Person mit kleiner Vorspeise und einem Glas Wein aus.

€   – unter 15 Euro
€€   – 12 bis 20 Euro
€€€ – über 20 Euro

Feiertage, Feste

Gesetzliche Feiertage:

1. Januar Neujahr
6. Januar Epiphanias (Dreikönigstag)
Rosenmontag (orthodox) zu veränderlichen Daten im Februar oder März: 27.2.2012, 18.3.2013
25. März Griechischer Unabhängigkeitstag
1. April Zyprischer Nationalfeiertag
Ostern das höchste Fest der zyprisch orthodoxen Kirche: 13.–16.4.2012, 3.–6.5.2013
1. Mai Tag der Arbeit
Pfingsten *Kataklysmo:* 3.–4.6.2012, 23.–24.6.2013, wird in Lárnaca (aber auch andernorts) als großes Volksfest gefeiert
15. August Mariä Himmelfahrt
1. Oktober Zyprischer Unabhängigkeitstag
28. Oktober Griechischer Nationalfeiertag
25./26. Dezember Weihnachten
Heiligabend und **Silvester** sind wie bei uns halbe Feiertage.

Hinzu kommen eine Reihe **lokaler Festivitäten** wie Kirchweihfeste, Weinfeste etc. Die genauen Daten entnimmt man am besten den örtlichen Veranstaltungskalendern.

Geld, Kreditkarten

Südzyperns Landeswährung ist seit 2008 der Euro, der die bis dahin zirkulierende Zypriotische Lira (auch: Pfund) abgelöst hat. Offizielle Landeswährung in Nordzypern ist das Neue Türkische Pfund (YTL); Euros werden aber überall in Nordzypern gern als Zahlungsmittel auch bei kleinen Beträgen akzeptiert.

Reiseschecks werden von allen Banken und (meist zu etwas schlechteren Kursen) in den Hotels eingetauscht. In Anbetracht der beim Kauf von Reiseschecks anfallenden Gebühren und der weitgehenden Akzeptanz von EC- und Kreditkarten verlieren sie jedoch zunehmend an Bedeutung für Reisende.

Kirchliche Feste werden mit großem Pomp begangen

Kreditkarten, v. a. Visa und Eurocard, werden in Hotels und größeren Geschäften, aber auch an Tankstellen vielfach als Zahlungsmittel akzeptiert. Bargeld kann aus allen Bankautomaten per **EC-Karte** nach Eingabe der Geheimnummer gezogen werden. Vorsicht! Wenn man sich beim Entnehmen von Karte und Quittung zuviel Zeit nimmt, wird das Geld automatisch wieder eingezogen. Fehlbuchung und Rückbuchung erfolgen jedoch anstandslos.

Die Öffnungszeiten der meisten Banken sind: Mai–Sept. 8.15–13.30, Okt.–April Mo–Fr 8.30–13.30, Mo auch 15.15–16.45 Uhr. In den Touristenzentren sind die Banken oft auch nachmittags zwischen 16 und 18.30 bzw. 15.30 und 18.30 Uhr (im Winter) geöffnet. An den Flughäfen Lárnaca und Páfos sind die Bankschalter durchgehend geöffnet.

Die Ein und Ausfuhr von Devisen im Wert von mehr als € 12 500 muss am Zoll deklariert werden.

Hinweise für Menschen mit Behinderungen

Über behindertenfreundliche Hotels informieren Reiseveranstalter und das Hotelverzeichnis der Fremdenverkehrszentrale Zypern. Die Flughäfen halten alle nötigen Einrichtungen für Körperbehinderte vor, einige Reisebüros verfügen über Kleinbusse, die Rollstuhlfahrer für Transfers und Ausflüge aufnehmen können. Auskünfte erhält man über die Cyprus Tourist Organisation oder beim Ministry of Labour and Social Insurance unter © 00 357 22 40 08 24 (scdr@dl.mlsi.gov.cy, z.B. bei Fragen zu den Aufklebern, die zur Nutzung von Behindertenparkplätzen berechtigen).

Internet

www.kypros.org/Zypern (Landeskunde, Politik, Wirtschaft, Tourismus, auf Deutsch)
www.visitcyprus.com (zyprische Fremdenverkehrszentrale)
www.windowoncyprus.com
www.cyprusair.com.cy (Flugpläne)

Klima, Kleidung, Reisezeit

Zypern ist ein von der Sonne verwöhntes Eiland, von 340 jährlichen Sonnentagen spricht die Werbung sogar. Selbst in den kühlsten und feuchtesten Monaten Dezember und Januar liegt die Tageshöchsttemperatur im Schnitt bei 16–18 Grad und die Anzahl der Regentage bei 10. Selbst die Wassertemperaturen von 17–19 Grad, die man im Winter an den Stränden misst, liegen – verglichen mit der Nordsee – noch im sommerlichen Bereich. Nur auf den Höhen des Tróodos kann es in dieser Zeit zu Schneefällen kommen.

Als besonders schön gilt das Frühjahr, wenn die Insel sich in ihrem vollen Vegetationsreichtum zeigt und die Temperaturen meist auf über 20 Grad klettern. Die Sommermonate sind heiß und trocken mit Lufttemperaturen von über 30 Grad und einer Wassertemperatur, die bis zu 27 Grad steigt. Die sommerliche Erwärmung wirkt bis spät in den Herbst hinein nach, denn selbst im November ist das Wasser noch über 20 Grad warm, und auch am Tag klettert das Thermometer häufig über die 20-Grad-Marke.

Quintessenz: Zypern lässt sich ganzjährig genießen, vorausgesetzt, man passt die Urlaubsaktivitäten den jahreszeitlichen Bedingungen an. Wer z.B. wandern oder Rad fahren möchte, ist gut beraten, im Frühjahr, Herbst oder auch im Winter zu reisen. Und selbst Besichtigungstouren durch die vielfältigen Ausgrabungsstätten dürften in den kühleren Monaten angenehmer sein. Für Sonne, Sand und Meer sind die Sommermonate ideal.

Den geplanten Aktivitäten und der Reisezeit entsprechend wird auch die Auswahl der Kleidung ausfallen. Was zu jeder Jahreszeit dabei sein sollte, sind

Die Strände sind groß genug für alle: Kinder und Pelikane

ein Pullover für kühle Abende, festes Schuhwerk und eine Kopfbedeckung zum Schutz gegen die Sonne. Besucher von Kirchen und Klöstern sind gehalten, sich entsprechend bedeckt zu kleiden. Nackt baden und sonnen ist auf Zypern streng verboten, was aber die »Oben-ohne-Welle« nicht aufhalten konnte. Derartige »Enthüllungen« bleiben eine Frage des persönlichen Geschmacks und Gespürs.

Mit Kindern auf Zypern

Kinder sind auf Zypern überall gern gesehen, und in einigen großen Hotels wird sogar dafür Sorge getragen, dass spezielle Angebote für Kinder auch die Eltern zeitweise entlasten. Ausgewählte Besichtigungstouren dürften selbst den Kleinen Spaß machen, weil bei der Präsentation sehr viel Wert auf Anschaulichkeit gelegt wird.

Medizinische Versorgung

Die **medizinische Versorgung** auf Zypern entspricht durchweg mitteleuropäischem Standard. In allen Städten gibt es öffentliche Krankenhäuser, auf dem Land Gesundheitszentren und kleine Krankenhäuser. Die Verständigung kann mit den in der Regel in England ausgebildeten Ärzten auf Englisch, teilweise auch auf Deutsch erfolgen.

Ärztliche Leistungen können seit der Aufnahme Zyperns in die EU auch über die **Europäische Krankenversicherungskarte** abgerechnet werden, die man sich vor Reiseantritt von der Krankenkasse ausstellen lassen sollte. Auch für Privatversicherte empfiehlt es sich, vor der Reise den Umfang des Versicherungsschutzes zu klären und gegebenenfalls eine **Auslandskrankenversicherung** abzuschließen.

Die meisten handelsüblichen **Medikamente** sind in zyprischen Apotheken, erkennbar am roten Malteserkreuz, erhältlich. Trotzdem kann es nicht schaden, sich vor Reiseantritt ausreichend mit notwendigen Medikamenten auszustatten.

Hoher Hygienestandard und ein erfolgreicher Kampf gegen die Infektionskrankheiten machen heute **Impfungen** und andere medikamentöse Prophylaxemaßnahmen überflüssig. Die übliche **Reiseapotheke** mit Aspirin, Mitteln gegen Verdauungsbeschwerden und Verbandszeug dürfte in der Regel ausreichen.

Wichtig sind jedoch **Insektenrepellents**, da gerade in den Sommermonaten Mücken und vor allem winzige Stechfliegen unangenehme allergische Reaktionen hervorrufen können. In nicht klimatisierten Räumen kann die Benutzung des Moskitonetzes nicht schaden.

Nachtleben

Das Spektrum reicht vom breiten Angebot an Diskotheken in den großen Touristenzentren bis hin zu jenen Etablissements, die ein ebenso fester Bestandteil von Hafenstädten sind wie das Meer. Für das eine wie das andere gilt: Der Hotelportier oder jeder beliebige Taxifahrer kann mit besseren und aktuelleren Tipps aufwarten als der beste Reiseführer.

Wer erleben möchte, wie Zyprioten spontan als Ausdruck purer Lebensfreude zu griechischer Musik tanzen, sollte eine *Bouzoúkia* besuchen. Wenn der musikalische Funke springt, kann das ein höchst unterhaltsamer Abend werden. Am besten fragt man die Einheimischen nach solchen Veranstaltungen.

Notfälle, wichtige Rufnummern

Vorwahl Zypern: ℂ 003 57
Erste Hilfe, Feuerwehr und Polizei: ℂ 112
Apotheken-Nachtruf:
– Lárnaca ℂ 90 90 14 14
– Lefkosía ℂ 90 90 14 12
– Lemesós ℂ 90 90 14 15
– Páfos ℂ 90 90 14 16
Auskünfte über diensthabende Ärzte an Wochenenden und Feiertagen:
– Lárnaca ℂ 90 90 14 24
– Lefkosía ℂ 90 90 14 22
– Lemesós ℂ 90 90 14 25
– Páfos ℂ 90 90 14 26
Krankenhäuser:
– Lárnaca ℂ 24 82 87 68
– Lefkosía ℂ 22 60 30 00

– Lemesós ℰ 25 80 11 00
– Páfos ℰ 26 80 31 45
– Paralímni ℰ 23 20 00 00
– Pólis ℰ 26 82 18 00
Ayía Nápa/Paralímni ℰ 90 90 14 33
Dialysestationen gibt es an den Krankenhäusern Lefkosia, Larnaca, Lemesos und Parphos.
Im Notfall: Dr. Patsias, Lefkosia, General Hospital
ℰ 22 60 37 63
CAA/Cyprus Automobile Association: ℰ 22 31 31 31

Öffentliche Verkehrsmittel

Gute Busverbindungen bestehen zwischen allen größeren Orten und Städten auf Zypern. In den Urlaubsregionen wird auf Anfrage sogar vor dem eigenen Hotel gehalten. Die Preise sind recht günstig, eine einfache Fahrt von Lefkosía nach Páfos kostet z. B. etwa € 10. Busse verkehren nur von montagmorgens bis samstagmittags und nur tagsüber.

Teurer sind Sammeltaxis mit Platz für sieben Fahrgäste, die ebenfalls zwischen den größeren Städten fahrplanmäßig im Einsatz sind. Sie können über die Hotelrezeption bestellt werden. Sammeltaxis holen ihre Fahrgäste an jedem gewünschten Punkt am Ausgangsort ab und bringen sie am Zielort bis vor die Haustür. Sie verkehren nur tagsüber und nur zwischen den Städten (Lefkosia–Páfos kostet z. B. im Sammeltaxi € 20–25).

Taxis sind fast überall im Einsatz und in den Städten grundsätzlich mit Taxametern ausgestattet. Andernfalls empfehlen sich Preisabsprachen vor Fahrtantritt. Taxifahrten sind hier wie überall am teuersten. Preisbeispiel: Für die Fahrt von Lemesós nach Páfos bezahlt man im Taxi € 130.

Post

Öffnungszeiten der Postämter: Sept.–Juni Mo–Fr 7.30–13.30 und (außer Mi) 15–18, Sa 9–11, Juli/Aug. Mo–Fr 7.30–13 und (außer Mi) 15–17.30, Sa 9–11 Uhr.

Das Porto für Luftpostbriefe bis 20 g beträgt € 0,53, für Postkarten € 0,45. Die per Airmail zugestellten Sendungen sind 4–6 Tage unterwegs.

Presse

Deutschsprachige Zeitungen werden in den Touristenzentren meist mit nur einem Tag Verspätung angeboten. Allerdings sind die Auswahlmöglichkeiten manchmal eingeschränkt. Wichtigste englischsprachige Zeitung auf Zypern ist die »Cyprus Mail«, die Di–So erscheint. Deutsche Nachrichten werden täglich außer sonntags vom Radiosender PIK 2 um 8 Uhr ausgestrahlt. Auf den Kanälen des zyprischen Fernsehens werden ausländische Filme in Originalsprache mit griechischen Untertiteln gesendet. Die meisten Hotels verfügen über Satellitenanschlüsse, sodass auch die Nachrichten der Deutschen Welle zu empfangen sind.

Sicherheit

Es gibt wenige Orte, wo man vor kriminellen Übergriffen sicherer ist als auf Zypern. So käme kein Zypriot auf die Idee, die Autofenster zu schließen, wenn er seinen Wagen parkt, und über Touristen, die den in der Sonne parkenden Wagen »luftdicht« verrammeln, können Zyprioten nur kopfschüttelnd lächeln.

Sport und Erholung

Für sportliche Aktivitäten gibt es auf Zypern ein kaum zu erschöpfendes Angebot. Jegliche Form von Wassersport kann in den Strandresorts betrieben werden. Entsprechende Sportgeräte können ausgeliehen, Kurse zum Erlernen diverser Sportarten gebucht werden. Der Tróodos empfiehlt sich nicht nur als ideales Wandergebiet, hier sind im Januar/Februar sogar manchmal Skiabfahrten möglich.

Angeln:
17 verschiedene Fischarten können Petrijünger in den 21 zum Angeln freigegebenen Stauseen der Insel fangen. Dazu bedarf es allerdings einer Lizenz, die ein Jahr Gültigkeit hat und € 17 für einen Stausee, € 34 für alle kostet. Ab einem Lebensalter von 12 Jahren erhält man diese bei den Departments of Fisheries der Gebietsverwaltungen oder beim

Head Office of Fisheries Department
Vithleem 101, CY-1416 Lefkosía
✆ 003 57-22 80 78 30/32, Fax 22 77 59 55
www.moa.gov.cy/dfmr

Angeltouren inklusive Ausrüstung und Transfer bietet **Angling Tours of Cyprus in Lemesós**, ✆ 00 23 57-25 32 27 63. Angeln im Meer kann man gratis und ohne Lizenz.

Biking/Radfahren:
In der Broschüre »Zypern. Fahrradrouten«, herausgegeben vom CTO, findet der Interessierte 39 exakt

ausgearbeitete Routen und nützliche Hinweise. Grundsätzlich kann man sagen: Für den weniger sportlichen Biker bietet die Region um Ayía Nápa geeignete Touren, während die Akámas-Halbinsel und das Wegenetz im Tróodos mit höheren Anforderungen an das fahrerische Können aufwarten. Fahrräder und Mountainbikes können überall für € 100–140 pro Woche (€ 8,50–17 pro Tag) gemietet werden.

Informationen über alles, was das Biken betrifft (Trainingscamps, Rennen, Unterkünfte etc.) erhält man im Internet unter:
www.veloferienzypern.com
www.zypernbike.de

Hier erfährt man auch alles Wissenswerte über die großen jährlichen Events wie den **Aphrodite Trophy MTB Marathon** und den **Cyprus Sunshine Cup.**

Go-Karting:
Zyprioten und Briten lieben diesen Motorsport; auf der Insel gibt es sieben Bahnen: bei Lárnaka, Páfos, Pólis und Limassol. Sie sind von morgens bis Mitternacht geöffnet und bieten Kids kleine Elektro-Karts.

Golf:
Es gibt bisher fünf 18-Loch-Golfplätze im Süden Zyperns, weitere sind in Planung. Vier Anlagen liegen in der Nähe von Páfos (siehe S. 50), der Vikla Golf and Country Club befindet sich in Vikla, 25 km nordöstlich von Lemesós (℡ 99 67 42 18, www.vikla4golf.com, Greenfee € 20–25). Auch in Nordzypern wurde an der Nordküste nördlich von Kyrinia ein erster Golfplatz, der Korineum Golf Club, eröffnet (℡ 0090 392 600 15 00, www.korineumgolf.com, Greenfee € 48–68).

Marathonläufe:
Während der Wintermonate veranstalten die Städte Páfos und Lemesós sehr beliebte Marathon- und Halbmarathonläufe. Auskünfte erteilt die Fremdenverkehrszentrale Zyperns in Frankfurt.

Reiten:
Einige private Reitställe bieten bei Ayía Nápa, Lemesós und Pólis Gelegenheit zum Reiten. Besonders zu empfehlen ist das Angebot von Cyprus Villages:

Drapia Farm
CY-7733 Kalavasós
℡ 003 57-24 33 29 98
www.cyprusvillagesde/de.php
Reitstunden werden erteilt, und für Tages- und Halbtagsausflüge ins Hinterland oder zum Strand stehen 11 Pferde zur Verfügung.

Nur für gut trainierte Radler: Mountainbike-Touren

Weitere Auskünfte erteilt:
The Cyprus Equestrian Federation
Deligiorgi St. 1, 1066 Lefkosía
✆ 003 57-22 87 21 72, www.cyef.org.cy

Segeln:
Es gibt auf Zypern sechs Unternehmen, die Yachten verchartern. Eine Liste ist bei der Fremdenverkehrszentrale Zypern erhältlich.

Tauchen:
Tauchschulen, die Grundkenntnisse vermitteln, Ausrüstungen verleihen und Ausflüge organisieren, findet man in allen großen Strandresorts. Eine umfassende Übersicht bietet die

Cyprus Federation of Underwater Activities
P. O. Box 21503, CY-1510 Lefkosía
✆ 003 57-22 75 46 47, www.cydive.com

Tennis:
Dem »Hotel- und Touristenführer« des CTO lässt sich entnehmen, welche Unterkünfte über eigene Plätze (meist Hartplätze) mit Flutlicht verfügen. Darüber hinaus kann man in den Tennisclubs der großen Städte gegen Gebühr als Gast spielen.

Wandern:
Verschiedene Veranstalter bieten geführte Wanderreisen auf Zypern an. Wer lieber alleine wandert, kann sich an der Broschüre des CTO »Zypern. Folgen Sie dem E4 und anderen Wanderwegen« orientieren.

Außerdem gibt es die Möglichkeit der Teilnahme an geführten Tageswanderungen:
Ecologia Tours & Travel
Ágios Theodoros St. 2
CY-8047 Ktíma Páfos
☏ 003 57-26 94 88 08
www.wandern-zypern.de

Wassersport:
Da Sportarten, die mit dem Wasser zu tun haben, auf einer Insel zwangsläufig an erster Stelle stehen, sind erschöpfende Auskünfte unmöglich. An allen großen Strandorten kann man alles erlernen, alles ausleihen und ausüben. Die Preise sind vom Central Beach Committee Zypern festgelegt und weisen daher kaum Unterschiede auf. Hier einige Preisbeispiele: Surfbretter zum Windsurfen erhält man für ca. € 12 pro Stunde, Unterricht kostet ca. € 10 pro 30 Minuten; das Ausleihen von Jetski kostet € 20 pro 15 Minuten und Parasailing ca. € 25 pro 10 Minuten.

Wintersport:
Es gibt fraglos bessere Abfahrtspisten, aber sicher nicht mit der Möglichkeit, zum Aprés-Ski am Strand zu sein. Vier Skilifte mit den entsprechenden präparierten Pisten und zwei gespurte Loipen gibt es rund um den Olymp. Ausrüstungen können ausgeliehen werden. Auskünfte erteilt:

Cyprus Ski Club
P.O. Box 22185, CY-1518 Lefkosía
☏ 003 57-22 67 53 40
www.cyprusski.com

Sprachhilfen

Verständigen kann man sich in der Republik Zypern problemlos, auch wenn man des hier gesprochenen Neugriechischen nicht mächtig ist. Nach mehr als einem halben Jahrhundert britischer Kolonialherrschaft ist Englisch auch heute noch eine von fast allen Zyprioten mehr oder weniger gut beherrschte Sprache. Selbst die Kenntnis des griechischen Alphabets ist nicht erforderlich, da alle Straßenschilder und Hinweise in lateinischer Schrift gehalten sind. Trotzdem ist es natürlich schön, zumindest einige Wendungen in der Landessprache zu kennen.

Umgangsformen

káli méra	– Guten Tag
káli spéra	– Guten Abend
káli nichta	– Gute Nacht

jássu (Singular)/*jássas* (Plural)	– Hallo/Tschüss/Prost
tí kánis/*tí kánete?*	– Wie geht es dir/ Ihnen?
adío/*adíosas*	– Auf Wiedersehen
parakaló	– Bitte
efcharistó	– Danke
nä/*óchi*	– ja/nein
signómi	– Entschuldigung
den pirási	– Macht nichts
Den katálawa.	– Ich habe nicht ver- standen.
Ápo pu ísse?	– Woher kommst du?
jermanía	– Deutschland
jermanós/*jermanída*	– Deutscher/Deutsche
afstría	– Österreich
afstriakós/*afstriakjá*	– Österreicher/Öster- reicherin
elwetía	– Schweiz
elwetída/*elwetós*	– Schweizerin/Schweizer
kalós	– gut
kakós	– schlecht
megálos	– groß
mikrós	– klein
mé/*chorís*	– mit/ohne

Unterwegs

Pú íne …?	– Wo ist …?
Tí óra íne?	– Wie spät ist es?
Thélo ná wró éna …	– Ich suche eine …
Pú íne í tualéta, parakaló?	– Wo ist die Toilette, bitte?
Póte tha fíji…?	– Wann fährt?
Póte tha ftássi…?	– Wann kommt an …?
Pu féwji to leo forío … ja?	– Wo fährt der Bus nach … ab?
Ne aftós o drómos ja …?	– Ist das die Straße nach …?
leoforío/*stásis*	– Bus/Haltestelle
térma	– Endstation
aerodrómio/*aeropláno*	– Flughafen/Flugzeug
motosiklätta	– Motorrad
podílto	– Fahrrad
aftokínito	– Auto
Kaló taksídi!	– Gute Reise!

Bank, Post, Arzt

trápäsa	– Bank
sinállagma	– Geldwechsel
grammatóssima	– Briefmarken
Thälo natiläfonísso.	– Ich möchte telefo- nieren.
jatrós/*jatrío*	– Arzt/Arztpraxis

Thélo na wro éna farmakío. – Ich suche eine Apotheke.

Einkaufen, Essen

períptero/magasí	– Kiosk/Laden
fúrnos	– Bäckerei
estiatório	– Restaurant
tawérna	– Taverne
kafenío	– Kaffeehaus
kréas	– Fleisch
psári	– Fisch
gála	– Milch
tirí	– Käse
awgá	– Eier
psomí	– Brot
frúta	– Obst
lachaniká	– Gemüse
Parakaló thélo …	– Bitte, ich möchte …
Pósso káni aftó?	– Wieviel kostet das?
To logarjasmo, parakaló!	– Die Rechnung, bitte!

Zeitangaben

to proí	– Vormittag
to méssimeri	– Mittag
to apógewma	– Nachmittag
to wrádi	– Abend
i níchta	– Nacht
deftéra	– Montag
tríti	– Dienstag
tetárti	Mittwoch
pémpti	– Donnerstag
paraskewí	– Freitag
sáwato	– Samstag
kiriakí	– Sonntag

Zahlen

éna, mía	1
dío	2
trís, tría	3
tésseris, téssera	4
pénde	5
éxi	6
eftá	7
októ	8
enéa	9
éka	10
éndeka	11
dodéka	12
dekatría	13
dekatéssera	14 usw.
íkossi	20

íkossi éna	21 usw.
triánda	30
saránda	40
penínda	50
exínda	60
eftomínda	70
októnda	80
enenínda	90
ekató	100
diakósja	200
triakósja	300
tetrakósja	400
pendakósja	500
exakósja	600
eptakósja	700
oktakósja	800
enjakósja	900
chílja	1000
dio chiljádes	2000 usw.
ekatomírrio	1 Million

Strom

Norm ist eine Stromspannung von 220/240 Volt. Zusätzlich gibt es meist in den Bädern der Hotels und Apartments 110-Volt-Steckdosen für Rasierapparate. Allerdings sind fast durchgängig englische Dreipolsteckdosen vorhanden, sodass mitteleuropäische Geräte nur mit Adapter angeschlossen werden können. In zahlreichen Hotels gibt es solche Adapter oder sie können ausgeliehen werden. Oft ist auch ein (leistungsstarker) Fön im Hotelzimmer installiert.

Telefonieren

Das Telekommunikationssystem Zyperns ist auf dem neuesten Stand. **Telefongespräche** sind von den Fernmeldeämtern (CTA) aus möglich, aber auch von vielen Telefonzellen per Kartentelefon. Telefonkarten sind an Postämtern, Kiosken und in manchen Souvenirläden erhältlich. 3-Minuten-Gespräche nach Deutschland, Österreich und in die Schweiz kosten ca. € 5,20. Billiger ist es, zwischen 22 und 8 Uhr bzw. an Sonn- und Feiertagen anzurufen. Ferngespräche auf der Insel selbst sind zwischen 20 und 7 Uhr sowie an Wochenenden günstiger.

Telefonate per **Handy** werden vom Mobilfunkbetreiber CYTA weitergeleitet und sind von allen Orten aus ohne Schwierigkeit möglich. Die Hotels verfügen meist über **Faxgeräte**, über die man Schriftstücke versenden und erhalten kann. In allen großen Städten gibt es **Internet-Cafés**, die den Zugang zum Internet ermöglichen. WLAN-Zugang ins Internet bieten immer mehr Hotels und einige Cafés und Bars zum Teil sogar kostenlos an.

Innerhalb Zyperns gibt es keine Ortsnetzvorwahl. Die Telefonnummern sind achtstellig und beinhalten den jeweiligen Ortsnetzcode.

Vorwahl für Zypern ✆ +3 57
Deutschland ✆ +49
Österreich ✆ +43
Schweiz ✆ +41
Telefonauskunft: 24-Stunden-Service unter den Nummern ✆118 92, 118 22, 118 00, 118 33, 118 11 oder 118 88
Auslandsauskunft: ✆ 118 94 oder 118 22

Trinkgeld

Da in den Preisen der Hotels und Restaurants ein Serviceaufschlag von zehn Prozent sowie die Mehrwertsteuer von zehn Prozent enthalten sind, ist ein Trinkgeld nicht obligatorisch. Üblich sind dennoch zehn Prozent des Rechnungbetrages. Ein Trinkgeld ist auch bei Taxifahrern und Zimmermädchen willkommen.

Unterkunft

Das Angebot an **Hotels** entspricht dem volkswirtschaftlichen Stellenwert des Tourismus auf der Insel. Es gibt viele gute, jedoch uniforme Häuser, vorwiegend ausgelegt auf eine große Zahl von Gästen. Für den Individualtourismus hat dies ein hohes Preisniveau bei Übernachtungen im Hotel zur Folge.

Die **Preise** werden jährlich von der CTO festgelegt und müssen an der Rezeption aushängen. Einzelpersonen zahlen 80 Prozent des Doppelzimmerpreises. Die Nebensaisonpreise (Mitte Nov.–Mitte März) liegen oft bis zu 40 Prozent niedriger.

Günstiger ist in der Regel die Unterkunft in **Hotel-Apartments**, wobei man dort allerdings auf den täglichen Reinigungsservice verzichten muss.

Privatunterkünfte und kleine Pensionen findet man auf Zypern kaum. Gefüllt wird diese Lücke indes von den in der **Cyprus Agrotourism Company** zusammengeschlossenen Unternehmen. Die Unterkünfte sind meist geschmackvoll in sanierten alten Dorf- und Landhäusern eingerichtete Apartments. Das Manko, dass diese Häuser nicht direkt am Strand, sondern allenfalls in Strandnähe liegen, wird durch einen hohen Standard und den Vorzug, zyprische Lebensart aus der Nähe mitzuerleben, leicht ausgeglichen.

Die Fremdenverkehrszentrale hat ein Gesamtverzeichnis dieser Unterkünfte herausgegeben: »Agrotourismus – Traditionelle Ferienhäuser«. Informationen im Internet findet man unter: www.agrotourism.com.cy

Zwei **Jugendherbergen** stehen auf Zypern den Inhabern eines Internationalen Jugendherbergsausweises offen. Der Übernachtungspreis beträgt ca. € 12. Auskunft erteilt:

Cyprus Youth Hostel Association
P.O. Box 24040, CY-1700 Lefkosía
✆ 003 57-22 67 00 27

Fünf **Campingplätze** (Lemesós, Páfos, Pólis, Tróodos und Governor's Beach) entsprechen europäischem Standard. Die Gebühren betragen ca. € 3–5 für den Zeltplatz und weitere € 3–5 pro Nacht und Person.

Zeitzone

Auf Zypern gilt die osteuropäische Zeit (OEZ = MEZ + 1 Stunde) – und das ganzjährig.

Zoll

Die Ein- und Ausfuhr von Waren zum persönlichen Gebrauch ist innerhalb der EU-Staaten zollfrei. Darunter fallen u.a. auch bis zu 800 Zigaretten, 10 Liter Spirituosen und 90 Liter Wein. Die Ausfuhr von Antiquitäten bedarf einer gesonderten Genehmigung. ■

Zu jedem Dorf gehören ein Pope und viele Katzen

Go Vista INFO GUIDES

Andalusien

Bayerischer Wald
mit Landshut, Regensburg und Passau

Bodensee
mit Konstanz

Erzgebirge

Gardasee
mit Verona und Brescia

Gran Canaria
mit Las Palmas

Italienische
Adria

Kroatien

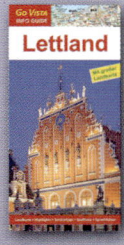

Lettland

Madeira
& Azoren

Mallorca
mit Palma de Mallorca

**Mecklenburgische
Seenplatte**

Bildnachweis

iStockphoto/Runamock: S. 3 u.
Elisabeth Petersen, Rösrath: S. 10, 11, 17, 30, 31

Alle übrigen Abbildungen wurden von der Fremdenverkehrszentrale Zypern, Frankfurt/M., zur Verfügung gestellt.

Schmutztitel (S. 1): Ein Esel als Pack- und Reittier
Seite 2/3 (v. l. n. r.): Paralímni, Kloster Ayía Nápa, der Hafen von Ayía Nápa, Panagía Chrysopolítissa in Páfos, Fort im Hafen von Páfos, Strandleben, Kapelle bei Protarás (S. 3 u.)

Konzeption, Layout und Gestaltung dieser Publikation bilden eine Einheit, die eigens für die Buchreihe der **Go Vista City/Info Guides** entwickelt wurde. Sie unterliegt dem Schutz geistigen Eigentums und darf weder kopiert noch nachgeahmt werden.

© Vista Point Verlag GmbH, Birkenstr. 10, D-14469 Potsdam
2. Auflage 2014
Alle Rechte vorbehalten
Verlegerische Leitung: Andreas Schulz
Reihenkonzeption: Vista Point-Team
Textredaktion: Franziska Zielke
Lektorat: Stefan Steinhäuser
Layout und Herstellung: Sandra Penno-Vesper, Kerstin Hülsebusch-Pfau
Reproduktionen: Böhm Mediendienst, Köln
Kartographie: Huber Kartographie, München

ISBN 978-3-86871-247-6

An unsere Leser!
Die Informationen dieses Buches wurden gewissenhaft recherchiert und von der Verlagsredaktion sorgfältig überprüft. Nichtsdestoweniger sind inhaltliche Fehler nicht immer zu vermeiden. Für Ihre Korrekturen und Ergänzungsvorschläge sind wir daher dankbar.

VISTA POINT VERLAG
Birkenstr. 10 · 14469 Potsdam
Telefon: +49 (0) 3 31/817 36-400 · Fax: +49 (0) 3 31/817 36-444
www.vistapoint.de · info@vistapoint.de